Küchenschätze der Indios und Indianer

Küchenschätze

Von Ilona Steckhan
Bearbeitung Monika Graff mit Foodfotos von Carsten Eichner

der Indios und Indianer

HÄDECKE VERLAG

Die Rezepte sind, wenn nicht anders vermerkt, für vier Portionen berechnet. Der Tasseninhalt entspricht 125 g (zum Beispiel Mehl).

Abkürzungen

EL – Esslöffel
TL – Teelöffel
kg – Kilogramm
g – Gramm
l – Liter
ml – Milliliter
Stck. – Stück

Gesamtgestaltung: Andreas Porsch, Salzburg
Fotografie: Carsten Eichner, Hamburg (Titelbild und alle Foodaufnahmen)
Foodstyling: Jens Piotraschke, Hamburg
Satz: Art'Direction Porsch'Hauer, Salzburg
Reproduktionen: deutsch-türkischer fotosatz, Berlin
Druck: fgb, Freiburg

Weitere Fotos: Heimo Aga, Wien: Seite 48, 50, 51 (2)
Monika Graff, Weil der Stadt: Seite 44, 64 (2), 78, 89, 94, 96, 99 (2), 101, 103, 108, 109 (3), 114 (3), 115, 120, 121 (2), 127, 141, 165
Hädecke-Archiv: Seite 36 und 118
Gaby Höger, München: Seite 145 (2) und 157
Renate Mann, Weil der Stadt: Seite 51, 53, 85, 102
Andreas Porsch, Salzburg: Seite 17, 57, 73, 99 (2), 114, 131
Ilona Steckhan, Baden-Baden: Seite 14, 15 (oben), 32, 59
USA Rice Federation, Hamburg: Seite 142, 145, 147
Wir bedanken uns bei Frau Dr. Rose Schnaufer für Aufnahmen im Kapitel »Die Inkas«, entnommen aus den Reisetagebüchern.
Des weiteren danken wir Herrn Prof. Dr. Federico Kauffmann-Doig, Lima (Peru), für die Abbildung auf Seite 16.

Printed in Germany 2000
ISBN 3-7750-0337-1

Inhalt

DIE INKAS

Nach vagen historischen Berichten verließen im 13. Jahrhundert die Waldindianer ihr Stammgebiet im Amazonasbecken. Die lähmende, feuchte Hitze in diesem Gebiet hat nie eine Kultur hervorgebracht, obwohl, wie im Schlaraffenland, Früchte und Tiere dem Menschen »in den Mund wachsen«. Als sie sich anschickten im Hochland zu siedeln, änderte ihr Leben sich in atemberaubender Weise.

Erst einmal musste sich der Körper umstellen: Die sauerstoffarme Luft der Hochanden erforderte eine Vergrößerung des Herzens und des Brustkorbes und eine vermehrte Anzahl von roten Blutkörperchen.

Das Hochland stellt ganz erhebliche Anforderungen an Kreativität und Gemeinschaftssinn, will man hier überleben. Die klare Luft macht frei, das Gehirn wird inspiriert. Gegen Kälte und Frost muss das Individuum sich schützen, also ersinnt es feste Gebäude mit gemauerten Feuerstellen. Um den zahlreichen Erdbeben vorzubauen, verzichtete man auf Mörtel bei den Mauerwerken und passte die Steine haargenau aufeinander.

Das Volk der Inkas wurde sesshaft. Die raue Natur erforderte Arbeiten an Terrassen, Kanälen und Staudämmen, die wenige kostbare Erde durfte nicht durch Regen fortgeschwemmt werden! Bewältigen konnte diese Aufgabe jedoch nur eine verschworene Gemeinschaft. In nur sechs Generationen schufen die Inkas ihr mächtiges Imperium. Es war der mächtigste Staat des alten Amerika, mit seiner faszinierenden Hauptstadt Cuzco hoch in den Anden gelegen.

Eine straffe Sozialstruktur wurde Voraussetzung für dieses Reich. Pflichten und Rechte wurden der Gemeinschaft zugeteilt und von dieser akzeptiert. Nur so war in der kurzen Zeit dieses mächtige Reich zu schaffen, das 1533 mit dem Einzug der waffentechnisch überlegenen Conquistadores unter Francisco Pizzaro ein jähes Ende fand.

Inka war der Herrschertitel und Name der Großfamilie, die die höchsten Beamten und Priester stellte. Das Erstaunlichste an dieser straffen Staatsordnung war, dass die Inkas keine Schrift und keine Zahlen kannten.

Das mächtige Reich wurde organisiert und

verwaltet mit Quipuschnüren. Ohne sie hätte man keine statistischen Aufstellungen machen können. Die verschieden geordneten Knoten der Quipus entsprachen Zahlen.
Sie waren eine Gedächtnisstütze, aber keine Schrift. Die an der Hauptschnur befestigten Seitenschnüre drückten durch ganz bestimmte Knotenbindungen Zahlen von Eins bis Zehntausend aus. Quipurechner standen in hohem Ansehen und zählten zu den bestbezahlten Beamten des Reiches.
Inwieweit sich die erlesenen Speisen der Inkaherrscher von denen ihrer Untertanen unterschieden, ist uns leider nicht überliefert, weil Schriften nicht entwickelt wurden. Die Geschichtsschreibung berichtet lediglich, dass das Maisbier – die Chicha – eigens für Herrscher und Hof zubereitet wurde. Es war von besonderer Güte, wurde auch für rituelle Opfertränke gebraut. Noch heute zählt die chicha mit ihren verschiedenen Varianten zum beliebtesten Getränk aller Peruaner (Seite 16).
Die Nahrung des Volkes scheint von recht einfacher Art gewesen zu sein. Reste von Speisen, die man den Toten mitgab, haben sich erhalten. Auf Friedhöfen und Abfallhaufen der Wohnplätze fand man Fruchtkerne, Maiskolben, Erdnüsse und Knochen von Tieren und Vögeln, die verzehrt worden waren. Überlieferungen erhalten wir auch von Darstellungen der vorspanischen Kunst, von pflanzlichen und tierischen Nahrungsmitteln. Vielerlei Früchte und Tiere, deren Fleisch man genoss, waren häufige Themen auf Tonplastiken und Vasenmalereien. Über Koch- und Essgeschirre berichten Funde aus Gräbern und alten Wohnstätten. Leider hat nie ein Chronist Kochrezepte vergangener Reiche aufgezeichnet. Hauptgericht der armen Bevölkerung war vermutlich, wie heute auch, eine dicke vegetarische Suppe aus Maismehl, Maiskörnern oder Bohnen und Knollenfrüchten. Als würzende Beigabe durfte Chili in seinen verschiedenen Varianten nicht fehlen – damals wie heute hoch geschätzt. Je nach Jahreszeit, Gegend und Vorratshaltung gehörten die Knollenfrüchte, also die Kartoffel in ihrer Vielfalt, der Mais, seltener Fisch, zum Hauptbestandteil des Eintopfes. Fleisch, das bedeutet Meerschweinchen, Lama und Wild, kam nur bei festlichen Anlässen auf den Tisch. Es wurde entweder als Suppeneinlage gereicht oder in der Glut geröstet. Man kannte auch Erdgruben, in denen das Fleisch mit Kartoffeln und Grünzeug gar gesotten wurde. Das Fleisch des Meerschweinchen, »conejillo«, galt auch den Inkas als besondere Delikatesse. Erwähnt sei noch, dass Lama und Alpaka ebenfalls als Leckerbissen galten, aber die Lamakühe niemals gemolken wurden. Milchprodukte wie Butter und Käse waren vor der Ankunft der Spanier unbekannt. Ebenso unbekannt war der Genuss von Eiern, obwohl eine Entenart als Haustier gehalten wurde. Fischgerichte wurden auf die gleiche Art wie das Fleisch in der Inka-Küche zubereitet. Zur Herstellung von Mais- oder Getreidemehl benutzte man, wie vielfach heute noch, den »batán«. Auf diesem wichtigen, fest installierten Küchengerät wurde darüber hinaus alles zermahlen, was in einer guten Küche feingewalzt auf den Esstisch zu kommen hat. Also unter Umständen auch Früchte und Gemüse. Die moderne Forschung hat ausführliche Listen der kulti-

vierten und der wildwachsenden Nahrungspflanzen der Inkas erstellt. Neben der unglaublichen Vielfalt an Obst und Gemüse fällt vor allem der Genuss von Meeresalgen auf, die noch bei den Indios unserer Zeit als Beigabe zu manchen Speisen beliebt sind. Heute wie damals ziehen Bergindianer zur Meeresküste um Vorräte zu sammeln. Ihr Instinkt sagt ihnen, dass der Jodgehalt der Algen die im Bergland nicht seltene Kropfbildung verhindert. Die getrocknete Kartoffel, »el chuño«, war schon lange vor der Inkaherrschaft bekannt, ebenso das in dünne Scheiben geschnittene oder gewalzte, zum Trocknen in der Luft aufgehängte Fleisch. Beides ist eine wichtige und leicht zu transportierende Nahrungskonserve in langen Wintern, auf Kriegszügen oder auf langen und beschwerlichen Wegen in der Einsamkeit der Berge. Man berichtet auch von Läuferstafetten, die von der Küste auf gut ausgebauten Straßen den Fisch direkt an die Tafel der Herrscher in die Hauptstadt brachten. Das Rad war unbekannt, doch die berühmten Inkastraßen ermöglichten die schnelle Überbringung von Handelsware und Regierungsnachrichten. Vom Geschirr haben sich Teller, Schalen, Näpfe aus Ton, verschiedene Formen von Kochtöpfen und besondere Pfannen zum Maisrösten in der Erde gut erhalten. Trinkschalen, Näpfe und Flaschen aus Kürbisschalen (Kalebassen), oft mit eingebrannten Mustern verziert, sind uns überliefert. Löffel aus gebranntem Ton, Holz oder Muschelschalen waren bekannt. Am Tisch des Herrschers gab es Löffel aus Gold. Nur die Suppe wurde gelöffelt. Feste Speisen wurden, wie heute noch üblich, mit den Fingern gegessen.

Der berauschende Trank bei Festen und Tänzen zu Ehren der Götter war die »chicha«, eine Art Bier. Sie wurde hergestellt aus gekautem Mais oder aus Yucca, Erdnüssen und Mollebeeren. Ausgesuchte Jungfrauen, die die Reinheit verkörperten, übernahmen die Herstellung dieses Bieres von besonderer Qualität. Im Alltagsleben der armen Bevölkerung wurde die schwach alkoholische chicha als erfrischendes Getränk bei der Feldarbeit genossen.

Der »einfache Mann« lebte in fest gefügter staatlicher Ordnung. Menschenopfer waren verboten. Die Inkas beteten die Sonne an, zahlreiche Tempel wurden zu Ehren des Sonnengottes Inti errichtet. Die Innenwände der Tempel, ebenso wie die Palastwände der Inka-Herrscher, waren mit Platten feinsten Goldes oder mit goldenen Figuren geschmückt. Zum Schatz der Tempel und Paläste gehörten goldene Kannen und Töpfe, wunderbar gehämmerte Schalen und Krüge, in denen Essen und Trinken zu Festlichkeiten gereicht wurden. Die Metallgefäße wurden nach einmaligem Gebrauch eingeschmolzen und neu bearbeitet. Tischdecken waren mit Silberfäden und Glasperlen bestickt.

Silber- und Goldschmiede waren ständig bei der Arbeit, um die Schätze für Export und Herrscher zu mehren. Kein Chronist berichtet uns über die Sitte des Tabakrauchens beim Inkavolk. Lediglich Garcilaso de la Vega erwähnt das Schnupfen von Tabakpulver bei der herrschenden Klasse. Tabakanbau war aber nicht bekannt. Es muss sich demnach um eine wild wachsende Tabakart gehandelt haben, deren Blätter auch als Medizin und Zaubermittel verwendet wurden.

Bild oben:
Bergstraße nach Chavin de Huantár, zu einem ehemaligen Pilgerzentrum.

Bilder links:
Wie vor Jahrhunderten fahren täglich die Fischer mit ihren Schilfbooten auf dem Titicacasee. Der größte Hochlandsee der Erde liegt auf fast 4000 m Höhe. Durch ihn verläuft die Grenze zwischen Peru und Bolivien.
Auf den schwimmenden Inseln im Titicacasee bieten Familien Souvenirs an – ein kleines Zubrot zum einfachen Leben.

Die **Kartoffel** – eine Knolle mit Vergangenheit

König Friedrich II. von Preußen, der Große, verfügte während seiner Regierungszeit von 1740 bis 1786 sogar durch Zwangsmaßnahmen, dass seine Bauern Kartoffeln anzupflanzen hätten. Sie gediehen in dem sandigen, märkischen Boden ganz hervorragend und machten die Hoffnung seiner zahlreichen Feinde, ihn wegen der unterbundenen Getreidezufuhr zu Lande und auf dem Seeweg auszuhungern, vollständig zunichte.

Seitdem trat die Kartoffel ihren Siegeszug durch ganz Europa an. Der heutige Verbraucher weiß kaum noch, dass das Ursprungsland dieser Knollenfrucht Peru ist. Die Spanier brachten sie im 16. Jahrhundert nach Europa. Die älteste Beschreibung stammt aus dem Jahre 1564 von Tabernaemontanus aus Basel. Das älteste Funddatum ist schwierig zu bestimmen. Kartoffeln zerfallen rasch, während sich beispielsweise Mais in trockenen Gegenden über Jahrtausende halten kann. Die ältesten Abbildungen von Kartoffeln tauchen daher relativ spät auf: im Hochland (Chirapa) um 400 vor der Zeitenwende, an der Küste um 1000 nach der Zeitenwende. Abbildungen finden sich aber auch auf Keramikgefäßen aus der Mochica- (auch Moche-) und Nazcakultur (200 v. Chr. bis 800 n. Chr.). Originalfunde von Kartoffeln haben wir erst aus Pachacamac, einem Wallfahrtsort südlich von Lima, aus dem 9. Jahrhundert n. Chr. vorliegen.

Sicher geht der Anbau der Kartoffel auf eine viel frühere Zeit zurück. Im Hochland bei Ayacucho nimmt man dies bereits für die Cachi-Periode in den Jahren 4800 bis 3700 v. Chr. an.

Die Wildform der Kartoffel war nicht nur im Andenraum, sondern auch in Mesoamerika verbreitet. Zur Zeit der Entdeckung Amerikas durch Kolumbus erstreckte sich der Anbau um 1500 jedoch nur bis ins nördliche Kolumbien. Es sind etwa 625 Kartoffelarten bei den andinen Indianern bekannt. Die »solanum tuberosum«, unsere Speisekartoffel, stammt aus dem Gebiet um den Titicacasee. Die Indios der Berge, besonders um den Ort Chavin herum, der etwa 3000 Meter hoch

liegt, sind wahre Kartoffelfanatiker. Da Mais hier nicht mehr gedeiht, besteht die Ernährungsgrundlage aus Knollenfrüchten wie Kartoffeln, »oca«, »ulluca« und anderen. Die Geschichtsschreibung berichtet, dass dem Indio ein Tag, an dem er keine Kartoffeln zu essen bekommt, als ein verlorener Tag gilt. Vor der Ernte der frühesten Kartoffelsorte seien die Indios unruhig und lustlos, heißt es, dann jedoch stürzten sie sich auf rohe, noch unreife Kartoffeln, wohl wissend, dass sie anschließend davon krank werden. Die Freude an frischen Kartoffeln lässt sie dennoch Unannehmlichkeiten in Kauf nehmen. Wie steht es bei uns? Kennen wir nicht alle ebenso den Heißhunger auf frisch gekochte Kartoffeln aus neuer Ernte?
In manchen Regionen sind die Böden derart fruchtbar, dass ein Bauer zweimal im Jahr Kartoffeln und Knollenfrüchte ernten kann.
In den Städten ähnelt die Zubereitung dieses Nahrungsmittels sehr der unseren. Die Kartoffel- und Knollenfruchtgerichte der Indios der Bergzonen sind jedoch zu wenig abwechslungsreich. Da bereitet man zuerst in einem Erdofen (patsamanka) das Feuer vor, anschließend häuft man auf der plan zugerichteten Fläche aus Erde geformte Klumpen in einem Rund an, schichtet sie zu einem kleinen Iglu bis zu einem halben Meter hoch auf, wobei eine Feueröffnung ausgespart wird. Mit getrocknetem Gras, dürren Zweigen oder Kartoffelkraut wird das Feuer entfacht. Der Bergwind weht nun durch die undichten Ofenwände, facht das Feuer prasselnd an. Köstlich schmecken die so im Feuer gegarten Pellkartoffeln! Bei Festessen belegt man den Ofen mit einer Steinschicht, auf der das Fleisch zuunterst gebraten wird, darauf kommen dann die Kartoffeln. Genießt man dieses Essen im Freien, umgeben von der grandiosen Landschaft der Andenwelt, verdient dieses Mahl in Gesellschaft gastfreundlicher Indios zu Recht das Wort »Fest«.
Kehren wir zum Alltag zurück! Wird die Pellkartoffel, »papa yanu«, im Tontopf mit Wasser gekocht, reicht man eine Chilisauce »utsu« dazu, in welche die gepellte Kartoffel gedippt wird. Die Kartoffelsuppe, weltweit geschätzt und bekannt, wird am Ort ihres Ursprungs teils mit oder ohne Fett »kashki« sowie mit verschiedenen Kräutern gekocht. Hierfür werden die Kartoffeln geschält, in Scheiben geschnitten, mit Salz, Zwiebeln,

Weinraute »ruta« und »muña« (wilde Minze), aber auch mit Käse und Eiern in Wasser gekocht. Eine beliebte Süßspeise wird aus geriebenen Kartoffeln bereitet. Von den geriebenen Kartoffeln – »papa ajitsu« – wird die dabei entstandene Flüssigkeit abgeschüttet. Der rohe Kartoffelbrei wird nun portionsweise in Maisblätter gewickelt, in Wasser gekocht und anschließend mit Zucker überstreut. Man kann dem Kartoffelbrei auch Salz, Zwiebeln und klein geschnittene Fleischstückchen zugeben, ihn ebenfalls in Maisblätter wickeln und in Wasser garen.

Bei der armen Bevölkerung werden die Kartoffeln auf einer Konservenbüchse gerieben, die dazu mit einem Nagel durchlöchert wird. In allen Teilen Perus sind auch Pommes frites bekannt und beliebt, nur schlägt man in der Hochlandküche gern ein Hühnerei darüber.

Das Arbeitsgerät der Bauern für die Feldbestellung ist einfach. Zur Zeit der Inkas verwendete man Grabstöcke, die die Erde nur so weit aufrissen und lockerten, dass die Saat eingelegt werden konnte. Frauen halfen stets bei der schweren Arbeit, lagen doch die Felder oft an Abhängen. Geeignete Arbeitstiere waren damals noch unbekannt. Heute ist der Grabstock vom Pflug »takla« aus Holz abgelöst. Ein Ochse oder ein Ochsengespann mit Doppeljoch verrichtet nunmehr die schwere Feldarbeit. Die von den Indios verwendeten Pflüge und Zugtiere sind europäischen Ursprungs, ebenso finden wir auf modernen Haziendas das uns bekannte und bei uns gebräuchliche zeitgemäße Ackergerät vor.

Die getrocknete Kartoffel, »el chuño«, eine dehydrierte Kartoffel, ist nur in den Andenländern bekannt, hauptsächlich im Puna-Gebiet. Ihr wird durch die starken Nachtfröste und die heißen Sonnentage, denen sie zirka zwei Wochen lang ausgesetzt wird, das Wasser entzogen, so dass nur die stärkehaltige Substanz übrig bleibt. So ist die Kartoffel über lange Zeit haltbar, hilft über schlechte Ernten hinweg und ist auf Reisen eine leicht transportierbare Dauernahrung, beträgt doch durch den Entzug des Wassers ihr Volumen nur noch ein Drittel.

Grabstöcke aus der Inkazeit.
Damit wurde die Erde nur soweit aufgerissen, dass die Saat eingelegt werden konnte.

Chicha –
das Nationalgetränk

Bierkrug der Inkas.
In diesem, mit geometrischen Motiven gearbeiteten Keramikgefäß, wurde »chicha« serviert.

In den Bergen nahe Cuzco sprudelt so klares Quellwasser von den mit ewigem Schnee bedeckten Gipfeln, dass deutsche Brauereien daran denken, ein Bier nach dem deutschen Reinheitsgebot dort zu brauen.

Aber Peru hat sein Nationalgetränk schon seit Jahrhunderten – ein Maisbier, »la chicha«. Bei den Inkas brauten junge Mädchen große Mengen Maisbier, die zu Festen ausgeschenkt wurden. So wurde zur Erntezeit ein Opferfest zu Ehren der Sonne gefeiert, bei dem das Volk mit Speisen und Maisbier beschenkt wurde. Wenn auch der Mais das geläufigste Ausgangsprodukt ist, so kann die chicha auch aus Erdnüssen, Maniok, Kichererbsen oder aus vielen anderen Pflanzen hergestellt werden, die Kohlenhydrate oder Zucker enthalten. Jede Hausfrau hat da ihr besonderes Rezept und der Gast wird gern mit einem Glas Chicha willkommen geheißen. Die Autorin hatte Gelegenheit, beim Brauen der chicha für einen großen Indio-Haushalt zuzusehen. Abseits vom Wohnhaus war eine Kammer für das Bierbrauen eingerichtet.
In einer aus Stein und Lehm gebauten Feuerstelle, die oben für einen großen Topf eine passende Öffnung hatte, prasselte ein mächtiges Feuer. Im Topf kochten gelbe Maiskörner mit einer entsprechenden Menge Wasser.

Ein Indiojunge bewachte Feuer und Gebräu drei Stunden lang. Neben der Feuerstelle war ein Gestell mit einem riesigen Korb darauf aufgebaut, dick mit Stroh ausgepolstert. Unter dem Gestell stand wieder ein riesiger Topf. Nach dreistündigem Kochen wurde das Maisgebräu in den Korb gegossen und hatte dann eine ganze Nacht Zeit zum Durchlaufen. Das Strohpolster hilft die Flüssigkeit zu klären. Der durchgeseihte klare Maissaft wird nun abermals drei Stunden gekocht, dann zur Seite gestellt, bis er leicht gärend Alkohol gewinnt, leicht schäumt und einen angenehm säuerlichen Geschmack entwickelt. Chicha ist unserem Bier recht ähnlich. Findige Indios verfeinern ihre Chicha gern mit Pisco, einem hochprozentigen Branntwein aus Trester. Nachfolgend einige Chicha-Rezepte, die sich zwar für unsere Regionen nicht eignen, jedoch eine Vorstellung von den vielen Möglichkeiten der Herstellung geben.

Chicha de garbanzos – Chicha von Kichererbsen

Kichererbsen werden zwei volle Tage lang in Wasser eingeweicht, zermahlen, mit dem einheimischen Gewürz Ajonjoli, Nelken, Zimt und einer entsprechenden Menge Wasser mehrere Stunden gekocht, durchgeseiht, dann in einem Holzgefäß mit Zucker gut verrührt. Nach sechs Tagen der Gärung ist das erfrischende Getränk fertig.

Kichererbsen sind erst seit dem 16. Jahrhundert in Südamerika bekannt. Sie wurden ebenso wie der Zimt und die Gewürznelken von den Conquistadores ins Land gebracht.

Chicha morada – Dunkelrote Chicha

Hier werden die Körner von schwarzem Mais mit Gewürznelken, Stangenzimt, Ananasschale und reichlich Wasser entsprechend lange gekocht und durchgeseiht. Danach fügt man zerkleinerte Ananas und Wildkirschen zu. Frisch zubereitet getrunken, hat diese Chicha keinen Alkoholgehalt.

Chicha de jora – Gelbe Chicha

In einem Topf werden gelbe Maiskörner befeuchtet. Wenn sie zu keimen beginnen, werden sie in der Sonne getrocknet und gemahlen. (In manchen Orten des Hochlandes noch auf dem »batán«.) Das so gewonnene Joramehl gibt es im Handel auch fertig zu kaufen. Mit einer entsprechenden Menge Wasser wird dieses Mehl je nach Region bis zu 24 Stunden gekocht, mit Rohrzucker und Zimt verrührt, dann in Flaschen abgefüllt. Nach einer Woche ist die Chicha de jora trinkfertig. In manchen Dörfern werden die Flaschen in warmen Stallmist gestellt, was die Gärung sehr beschleunigt.

DIE KÜCHE DER INKAS

Kartoffelsuppe mit Weizen
Garnelensuppe
Fischsuppe vom Titicacasee
Fanesca
Eintopf der Anden
Biersauce
Tomaten-Kürbis-Salat
Kartoffel-Paprika-Salat
Kartoffelsalat »Chunco«
Andines Mischgemüse
Pikantes Gemüse
Kürbis mit Chilischoten
Kartoffelpuffer aus dem Hochland
Ausgebackenes Bananenmus
Schwarze Bohnen-Creme
Süßkartoffeln aus dem Backofen
Pellkartoffeln mit Walnuss-Sauce
Gefüllte Kartoffeln
Fischfilets vom Titicacasee
Cebiche (vom Fisch)
Fisch auf Batatenmus
Garnelen mit Kokos
Stockfisch mit Nüssen
Geschmortes à la Arequipa
Gebratene Schweinskeule
Schweinebraten mit Bohnen
Gebratene Ente in Gemüse
Geschmorte Nieren
Kutteln aus den Anden
Schokoladenschaum
Soufflé von Tapiokagrieß
Schokoladen-Soufflé
Pfeilwurz Blanc-manger mit Früchten
Kräuterbrötchen
Feigenkuchen
Gewürzbrot
Brot mit Erdnüssen

Kartoffelsuppe mit Weizen
Chupe de ullucas

Weizenkörner gibt es in guter Qualität, zum Beispiel im Reformhaus zu kaufen. Diese Suppe schmeckt aber auch sehr gut, wenn statt Weizen die Körnerfrucht Quinoa verwendet wird. Quinoa ist an Inhaltsstoffen dem Getreide zum Teil sogar überlegen.

Für 4-5 Portionen

Vorbereitungszeit: Weizenkörner über Nacht einweichen
15-20 Minuten
Zubereitungszeit: 40 Minuten

Zutaten
1 Tasse Weizenkörner
oder 1 Tasse Quinoa
1 kg durchwachsenes Rindfleisch
1 große Gemüsezwiebel
5 mittelgroße Kartoffeln oder Bataten
3 Tassen Weißkraut, fein geschnitten
1 grüne Chilischote, fein gehackt
6 Tassen Wasser, 1 TL Salz
1 Tasse Mais, frisch oder aus der Dose
1 Tasse frische Kräuter-Mischung nach Belieben, fein gehackt

Zubereitung
Die eingeweichten Weizenkörner in einem Sieb gut abtropfen lassen. Das Fleisch in mundgerechte Würfel schneiden, Zwiebel grob hacken. Die Kartoffeln schälen und in Würfel teilen. Alle Zutaten, auch den Mais mit dem Wasser und Salz auf die Kochstelle setzen und zugedeckt ca. 40 Minuten garen. Kosten, ob das Getreide weich ist! (Dosenmais nur in der Suppe erwärmen.) Mit den frischen Kräutern bestreuen.

Garnelensuppe
Chupe de camarones

Dies ist eine »moderne« Zubereitung, denn Butter, Eier und Oliven waren den Inkas unbekannt. Selbst der Pfeffer wurde erst über den Umweg über die Iberische Halbinsel in die »Neue Welt« gebracht.

Vorbereitungszeit: 15 Minuten
Zubereitungszeit: 10 Minuten

Zutaten
400 g Garnelenschwänze (Größe nach Angebot), küchenfertig vorbereitet
3 EL Butter
1 Knoblauchzehe, zerdrückt
10 Oliven, halbiert (ohne Kern)
1 TL grüne Pfefferkörner
3-4 Tassen Fischbouillon (evtl. aus dem Glas)
Salz nach Geschmack
1 Eigelb
2 reife Avocados

Zubereitung
Sind keine küchenfertigen Garnelenschwänze erhältlich, Schwänze mit Panzer ausbrechen und den Darm entfernen. In einem Topf die Butter zerlaufen lassen, Garnelen, Knoblauch, dann die Olivenhälften und die Pfefferkörner darin anbraten. Mit der Fischbouillon auffüllen, erhitzen und ca. 5 Minuten köcheln. Vorsichtig salzen. Das Eigelb verquirlen, in die Suppe einrühren, Suppe von der Kochstelle nehmen. Unmittelbar vor dem Servieren die Avocados mit einer Gabel zerdrücken und unter die Suppe ziehen. Auf vier Teller verteilen und sofort servieren. Dazu passt leicht getoastetes Brot.
Tipp: Diese Suppe lässt sich auch mit Kartoffelwürfeln, Erbsen, Scheiben von frischen Maiskolben und Tomatenwürfeln als Gemüsebeigabe zubereiten.

Garnelensuppe
Chupe de camarones

Fischsuppe vom Titicacasee
Sopa de pescado

Wie vor Jahrhunderten fahren auch heute noch die Fischer mit ihren selbst gebauten Schilfbooten auf dem Titicacasee um zu fischen. Und wie vor langer Zeit leben sie mit ihren Familien auf den »schwimmenden Inseln«.

Vorbereitungszeit: 15 Minuten
Zubereitungszeit: 25 Minuten

Zutaten

600 g weißfleischiger Fisch
500 g Kartoffeln, geschält und gewürfelt
3 mittelgroße Zwiebeln, gewürfelt
2 Tassen ungesalzene Erdnüsse, grob zerkleinert
4 Tassen Milch und 1 Tasse Wasser
Salz, Pfeffer und Kreuzkümmel nach Geschmack
2-3 EL Petersilie, fein gehackt

Zubereitung

Fisch von Haut und Gräten befreien – oder Fischfilet verwenden – und in mundgerechte Stücke teilen. Kartoffelwürfel, Zwiebeln und Erdnüsse in dem Milch-Wasser-Gemisch 15 Minuten kochen, dann den Fisch dazugeben und garziehen lassen.
Mit den Gewürzen abschmecken und vor dem Essen mit Petersilie überstreuen.
In den Anden isst man diese Suppe auch gerne kalt. Werden noch gekochte Kartoffeln – die Indios essen auch diese gern kalt dazu – als Beilage gereicht, ist dies eine vollständige Mahlzeit.

Fanesca

Dies ist eine Suppenspezialität mit sieben Gemüsen, die in den Anden nur in der Karwoche gegessen wird. Am besten schmeckt sie natürlich mit frischem Mais, aber man kann auch auf Dosenmais zurückgreifen. Diese Suppe wird nicht gesalzen!

Für 6-7 Portionen

Vorbereitungszeit: 20 Minuten
Zubereitungszeit: 40 Minuten

Zutaten

2-3 frische Maiskolben, Maiskörner sollten zwei Tassen ergeben
1 Tasse feine grüne Erbsen, evtl. TK-Produkt
2 Tassen grüne Bohnen, in Stücke geschnitten
1 Tasse Kürbisfleisch, gewürfelt, evtl. Glas
2 Tassen Weißkraut, fein geschnitten
500 g Bataten oder Salatkartoffeln
1 Tasse Melonenfleisch, gewürfelt
300 g Fischfilet, entgrätet, gewürfelt
1 Tasse ganze Erdnüsse
4 Knoblauchzehen, gehackt
6-8 Tassen Wasser, 1 TL schwarzer Pfeffer
evtl. 1 Becher Sahne oder Milch (200 ml)

Zubereitung

Mit Hilfe eine groben Reibe die Maiskörner von den Kolben raspeln. Zusammen mit den Erbsen, grünen Bohnen, dem Kürbisfleisch und dem Weißkraut mit wenig Wasser 10 Minuten vorgaren. Melonenfleisch und Gemüsekonserven jetzt erst zugeben.
Den Fisch obenauf legen, mit Wasser angießen, Erdnüsse, gehackten Knoblauch und Pfeffer zugeben und 15 Minuten sanft kochen lassen. Die Sahne oder Milch zugeben, Hitzezufuhr abschalten und den Eintopf noch 10-15 Minuten ziehen lassen.

Eintopf der Anden
Sancocho – auch Sancochado

Der Sancocho ist ein sehr beliebtes Gericht, das auch mit Fisch zubereitet werden kann. Auch die Gemüsebeilage lässt sich variieren: Paprikaschoten, Tomaten und Kartoffeln oder Maniokknollen, Kohl und weiße Rüben.

Für 6 Portionen

Vorbereitungszeit: 15 Minuten
Zubereitungszeit: 60-70 Minuten

Zutaten

1 Suppenhuhn, küchenfertig
3-4 Tassen Wasser, 1 TL Salz
1 EL Maiskeimöl oder Schmalz
1 mittelgroße Zwiebel, gewürfelt
2 Knoblauchzehen, fein gehackt
1 zarter Zucchino, gewürfelt
4 mittelgroße Karotten, klein gewürfelt
1 Dose weiße Bohnen, Einwaage 400 g oder eingeweichte, vorgegarte weiße Bohnen
1 Dose Palmherzen, Einwaage 425 g
2 EL Korianderkraut, gehackt
4 EL Petersilie, gehackt

Zubereitung

Das Huhn in Salzwasser garen. Aus der Brühe nehmen, häuten und das Fleisch in mundgerechte Stücke zerteilen, beiseite stellen. In einem großen Topf das Fett erhitzen, Zwiebel und Knoblauch darin anschwitzen. Zucchino und Karottenwürfel zugeben und mit anschwitzen. Mit Hühnerbouillon auffüllen und etwa 10 Minuten durchkochen lassen. Weiße Bohnen in den Eintopf geben, Palmherzen in Scheiben schneiden, ebenfalls zugeben und erwärmen. Zuletzt das Hühnerfleisch einlegen und den Eintopf bei geringer Hitzezufuhr bis zum Servieren durchziehen lassen. In Teller verteilen und mit den gehackten Kräutern überstreuen.

Biersauce
Salsa de chicha

Zu dieser dicken Sauce, in der auch Zimt und Nelken als Würze dienen, werden in Peru gern Quinoa (eine alte Körnerfrucht, siehe Seite 39) oder Pellkartoffeln gegessen. Bei uns kann sie zu Schweine- oder Hammelkotelett empfohlen werden.

Für 5-6 Portionen

Vorbereitungszeit: 10 Minuten
Zubereitungszeit: 10 Minuten

Zutaten

3 Tassen helles Bier (Export) statt Chicha
1 Tasse Wasser
6 Gewürznelken, 4 x 3 cm Stangenzimt

1 rote Paprikaschote, geputzt, entkernt, grob zerschnitten
1 mittelgroße Gemüsezwiebel, geschält, grob zerteilt
1 rote Chilischote, entkernt, halbiert
2 EL Weizenmehl
1 EL Rohrzucker
1/2 Tasse Sesamsamen

3 EL Petersilie, fein gehackt

Zubereitung

In einem großen hohen Topf das Bier mit Wasser, Nelken und Zimtstücken etwa 5 Minuten kochen lassen. Vorsicht – das Bier schäumt hoch auf!
In einem Mixer Paprika, Zwiebel und Chilischote pürieren, Mehl darunterrühren und die Masse in die Biermischung geben. 3-5 Minuten köcheln lassen.
Mit Zucker abschmecken, Sesam einrühren.
Vor dem Servieren Zimt und Nelken herausnehmen und mit Petersilie bestreut anrichten.

Tomaten-Kürbis-Salat
Ensalada de tomate y calabaza

Die Tomate ist ein »echtes« Kind der peruanischen Anden. Sie wurde später auch von den Azteken, den Ureinwohnen Mexikos, angebaut. Der »Seefahrer« Christoph Columbus brachte die Pflanze von seiner zweiten Reise 1496 nach Europa mit.

Vorbereitungszeit: 15 Minuten
Zubereitungszeit: 15 Minuten

Zutaten
2-3 Tassen Kürbis, geschält, gewürfelt
Salz, Zucker und Zimt
6-8 mittelgroße reife Tomaten
3 mittelgroße grüne Chilischoten, entkernt, in Ringe geschnitten
1 1/2 Tassen Pinienkerne
frische Korianderblättchen oder auch Basilikumblättchen zum Überstreuen

Für das Dressing:
je 1/2 Tasse Erdnussöl und Limettensaft

Zubereitung
Die Kürbiswürfel mit Salz, Zucker und Zimt in wenig Wasser 8-10 Minuten dünsten. Oder im Dampfdrucktopf mit wenig Wasser im Locheinsatz etwa 4 Minuten garen, abkühlen lassen. Tomaten in Scheiben oder Achtel schneiden. Mit allen anderen Zutaten in eine Schüssel geben. Das Dressing anrühren, über die Salatzutaten gießen, kurz durchziehen lassen und vor dem Servieren mit frischen Kräutern überstreuen.
Tipp: Dieser Salat schmeckt sehr apart, wenn statt Tomaten die tamarillos (Baumtomaten) zugegeben werden. Diese Früchte gedeihen in den Anden bis 2500 Meter Höhe! Die eiförmigen Beerenfrüchte schmecken herbsüß und erinnern geschmacklich entfernt an Tomaten.

Kartoffel-Paprika-Salat
Ensalada de papas con pimiento

Auch hier haben wir wieder eine Verbindung von »Neuer« und »Alter« Welt. Kartoffeln, Paprika und Chilischote auf der einen sowie Eier, Walnüsse und Schafskäse auf der anderen Seite ergeben einen harmonischen Salat.

Vorbereitungszeit: 15 Minuten
Zubereitungszeit: 25 Minuten

Zutaten
10-12 kleine Salatkartoffeln, gekocht

Für die Marinade:
3 EL Maiskeimöl
je 1 TL Salz und Oregano, gerebelt
1/2 TL Chilischote, feinst gehackt

1 grüne Paprikaschote, entkernt, in Stücke geschnitten
oder 1 rote und 1 grüne Paprikaschote
1 mittelgroße Zwiebel, fein gehackt
3 hart gekochte Eier, gewürfelt
2 EL Walnüsse, grob zerkleinert

1 Tasse Schafskäse, zerkrümelt oder in Scheiben geschnitten

Zubereitung
Die Salatkartoffeln noch warm pellen und in Scheiben schneiden. In einer Salatschüssel das Öl mit den Gewürzen verrühren. Alle zerkleinerten Zutaten mit der Marinade vermischen, die Kartoffelscheiben unterheben. Eventuell wenig heißes Wasser zugießen, falls die Saucenmenge zu knapp sein sollte.
Den Salat etwa 10 Minuten durchziehen lassen. Vor dem Servieren mit Schafskäse bestreuen.

Kartoffel-Paprika-Salat
Ensalada de papas con pimiento

Tomaten-Kürbis-Salat
Ensalada de tomate y calabaza

Kartoffelsalat »Chunco«
Ensalada de papas chunco

Zu diesem Kartoffelsalat kann man auch die kleinen feinen »Bamberger Hörnchen« (in Österreich »Kipfler«) verwenden. Dann je nach Größe die Menge verdreifachen.

Für 6 Portionen

Vorbereitungszeit: 15 Minuten
Zubereitungszeit: 40 Minuten, im Dampfdrucktopf 25 Minuten

Zutaten

10 Salatkartoffeln, gekocht, gepellt, in Scheiben geschnitten
200 g feine Stangenbohnen, geputzt, gekocht, in 4 cm lange Stücke geschnitten
1 Tasse Milch
1 TL Salz
1 TL Oregano
1/2 TL Pfeffer
2 EL Öl
2 Avocados, längs halbiert, geschält, Stein entfernt

Zubereitung

In einer Schüssel die Kartoffelscheiben mit den Bohnenstückchen mischen. In einem Gefäß die Milch mit den Gewürzen und dem Öl verquirlen und über das Kartoffel-Bohnengemisch gießen. Durchziehen lassen. Die vorbereiteten Avocados in feine Scheiben schneiden und unter den Salat heben.

Andines Mischgemüse
Verduras de los Andes

Mit frischem Kürbisfleisch schmeckt dieses Gemüse sehr apart. Winterkürbisse halten sich im kühlen Keller bis zu 3 Monate. Ersatzweise Kürbiswürfel aus dem Glas verwenden.

Für 4-5 Portionen

Vorbereitungszeit: 15 Minuten
Zubereitungszeit: 30 Minuten

Zutaten

1 grüne Gurke, geschält, gewürfelt
2 Tassen Kürbis, geschält, gewürfelt
2 Tassen Erbsen, sehr fein (Einwaage 400 g)
3-4 Kartoffeln, geschält, gewürfelt
1 Tasse Milch
4 Eier, gekocht, gepellt, gewürfelt
1 Tasse Schafskäse, zerkrümelt
1 TL Salz
3 EL Petersilie, fein gehackt

Zubereitung

Die Gurke in der Milch 2 Minuten leicht köcheln lassen. Wenn der Kürbis aus dem Glas genommen wird, diesen zur Gurke geben, sonst mit den Kartoffeln 15 Minuten kochen und dann zu der Gurke geben. Erbsen und Salz untermischen, nochmals aufkochen lassen. Evtl. etwas Milch nachgießen.
Im Topf servieren und zuvor mit den Eiwürfeln, Schafskäse und der Petersilie dick bestreuen.

Pikantes Gemüse
Picante de ullucas*

Als die Kartoffel 1621 nach Deutschland gelangte, wurde sie zunächst nur als Zier- und Gartenpflanze kultiviert – für die unterirdischen Knollen interessierte sich niemand.

Beilage für 5 Portionen

Vorbereitungszeit: 15 Minuten
Zubereitungszeit: 20 Minuten

Zutaten
4 EL Öl oder Schmalz
4 große Kartoffeln oder Bataten, geschält, gewürfelt
2 Zucchini, geschält, gewürfelt
1 Chilischote, gehackt
2 mittelgroße Zwiebeln, geschält, gewürfelt
2 mittelgroße Karotten, geputzt, gewürfelt
1 Tasse Erdnüsse
Milch oder Gemüsebrühe zum Angießen
3 EL Petersilie, fein gehackt
1 TL Kreuzkümmelpulver
Salz nach Geschmack

Zubereitung
In Öl oder Schmalz das Gemüse mit den Erdnüssen anbraten. Mit Milch oder Gemüsebrühe angießen und garen lassen.
Das Gemüse soll nicht zu flüssig sein!
Mit den Kräutern und Gewürzen abschmecken.

* Als »ullucas« werden verschiedene Kartoffelsorten bezeichnet.

Kürbis mit Chilischoten
Calabaza con chile

Bataten, deren spindelförmige, fleischige Wurzelstöcke zu kartoffelartigen Knollen verdicken, haben keine botanische Verwandtschaft mit der Kartoffel oder der Topinambur, die manchmal fälschlicherweise als Süßkartoffel bezeichnet wird.

Vorbereitungszeit: 15 Minuten
Zubereitungszeit: 40 Minuten

Zutaten
2 Tassen Kürbis, geschält, gewürfelt (oder aus dem Glas, Einwaage 330 g)
2 Tassen Gemüsemais (frisch oder aus der Dose, Einwaage 425 g)
1 Tasse Stangenbohnen, in Stückchen geschnitten
500 g Süßkartoffeln oder normale Kartoffeln, geschält, gewürfelt
1-2 Chilischoten ohne Kerne, fein geschnitten
1 Tasse Walnusskerne, grob zerkleinert
1 TL Salz
1 TL Korianderpulver oder 3-4 Stängel frischer Koriander, 2 TL Kreuzkümmel
1-2 Tassen Bouillon
1 Tasse Schafskäse, zerkrümelt

Zubereitung
Wählt man frischen Kürbis und frischen Mais, so sollten die Gemüse mit den Süßkartoffeln oder Kartoffeln und den Stangenbohnen 25 Minuten gekocht werden. (Im Drucktopf entsprechend weniger!) Eine Tasse Bouillon dazu verwenden. Die Chilischoten dazugeben und nochmals aufkochen lassen. Dann Nüsse und Gewürze unterrühren. Den Schafskäse kurz vor dem Servieren darüber streuen. Soll das Gemüse mehr Flüssigkeit haben, noch etwas Bouillon auffüllen.

Kartoffelpuffer aus dem Hochland

Pastel de papas estilo »Puna«

Kartoffelpuffer aus dem Hochland
Pastel de papas estilo »Puna«

Dies ist eigentlich ein »Grundrezept« – denn es lässt sich mit verschiedenen Gemüsesorten variieren: Zucchini, Möhren, Süßkartoffeln, selbst Scheiben von plátanos (Gemüsebananen) eignen sich. Die Puffer können auch ohne Fleisch oder mit gehacktem Schinken zubereitet werden.

Für etwa 18 Puffer (nicht zu groß)

Vorbereitungszeit: 20 Minuten
Zubereitungszeit: 20 Minuten

Zutaten
3 große Kartoffeln
4 Tassen Kürbisfleisch vom Muskat- oder Moschuskürbis, auch Gartenkürbis
1 mittelgroße Zwiebel, feinst gehackt
2 Knoblauchzehen, feinst gehackt
250 g Hackfleisch (Faschiertes)
3 Eier
1 TL Salz
1/2 TL schwarzer Pfeffer

Pflanzenfett zum Ausbacken

Zubereitung
Kartoffeln schälen, grob raspeln, etwas Wasser zugeben, damit sie nicht braun werden. Kürbisfleisch ebenfalls grob raspeln. Kartoffelraspel gut ausdrücken (eventuell auf Küchenkrepp trocknen) und mit allen anderen Zutaten vermengen. Eine große Pfanne mit reichlich Fett erhitzen. Aus der Kartoffelmasse kleine Puffer formen und von beiden Seiten goldgelb ausbacken. Auf Küchenkrepp abtropfen lassen und mit Salatblättern und Paprikastückchen anrichten.

Tipp: Den Teig sofort ausbacken – nicht stehen lassen!

Ausgebackenes Bananenmus
Fritura de plátanos

Kochbananen können ganz einfach in Scheiben geschnitten und in Öl frittiert oder als ganze Frucht mit Schale in Wasser gegart werden. Nachstehend eine dritte Möglichkeit.

Für 1-2 Portionen

Vorbereitungszeit: 15 Minuten
Zubereitungszeit: 15 Minuten

Zutaten
3 EL Weizenmehl
1 EL Maisstärke
1 Tasse Zucker
1 große Kochbanane, Fruchtfleisch mit der Gabel zerdrückt
Saft von einer Limette
1/2 Tasse Milch
1 Ei, verquirlt, etwas Salz

Öl zum Ausbacken
Zucker zum Bestreuen

Zubereitung
Mehl, Stärkemehl und Zucker vermischen.
Bananenmus, Limettensaft, Milch und Ei unterziehen, leicht salzen.
In einer Pfanne Öl erhitzen, die Bananenmasse mit einem Esslöffel abstechen und im Fett goldgelb ausbacken. Nicht zuviele Bananenplätzchen auf einmal in die Pfanne geben!
Je nach Weiterverwendung mit Zucker bestreuen oder »natur« servieren.

Schwarze Bohnen-Creme
Crema de frijoles negros

Viele Bohnenarten bekommt man bei uns in gut sortierten Feinkostabteilungen, in Markthallen und »beim Italiener«. Getrocknete Bohnenkerne sind auch ein »nahrhaftes« Souvenir von einer Reise nach Peru.

Als Beilage für 8 Portionen

Vorbereitungszeit: Einweichzeit der Bohnen – über Nacht.
15 Minuten
Zubereitungszeit: Bohnen etwa 60 Minuten; dann noch 20 Minuten

Zutaten
3 Tassen schwarze Bohnen
(auch Schminkbohnen genannt)
1 TL Kaisernatron
150 g Schinken oder Schweinefleisch
1 EL Maiskeimöl
2 mittelgroße Zwiebeln, fein gehackt
1 TL Knoblauchpulver
1/2 TL Chilipulver
Salz nach Geschmack

Zubereitung
Die Bohnen über Nacht mit Natron im Wasser einweichen. Am nächsten Tag mit frischem Wasser (ohne Salz) aufsetzen und gar kochen (probieren!). Das Wasser abgießen und den in grobe Stücke geschnittenen Schinken oder das Schweinefleisch zu den Bohnen geben, mit frischem heißen Wasser auffüllen. Noch etwa 20 Minuten kochen. Dann die Bohnen mit dem Schinken/Fleisch in den Mixer geben und mit soviel Flüssigkeit pürieren, dass eine dicke Paste entsteht.
In einer Pfanne das Öl erhitzen, Zwiebel darin anschwitzen, die Gewürze zugeben und ebenfalls anbraten. Die Mischung unter die Bohnencreme heben, die Creme eventuell noch einmal erhitzen und mit Quinoa oder Kartoffeln servieren.
Kross gebratene Zwiebelringe passen auch gut dazu.

Süßkartoffeln aus dem Backofen
Camotes al horno

Die Inkas kannten weder die Verwendung von Butter noch Sahne, auch Eier standen nicht auf dem Speiseplan. Doch inzwischen gehören diese Lebensmittel zum Alltag in Peru.

Als Beilage für 6 Portionen

Vorbereitungszeit: 10 Minuten
Zubereitungszeit: 50 Minuten

Zutaten

2 Süßkartoffeln (Bataten), rot- oder gelbfleischig, ca. 900-1000 g

Für die Füllung:

1/2 Tasse Sahne
1/2 TL Salz
1 kleine getrocknete Chilischote, im Mörser zerstoßen
5 grüne Pfefferkörner, im Mörser zerstoßen
Fett für die Form
evtl. einige angeröstete Nüsse oder Sonnenblumenkerne

Zubereitung

Die Süßkartoffeln gut waschen, evtl. mit einer Bürste schrubben und 35-40 Minuten kochen. Halbieren, das Fruchtfleisch mit einem Teelöffel herausheben und einen etwa 1 cm breiten Rand stehen lassen.
Das ausgehöhlte Batatenfleisch in einer Schüssel mit Sahne, Salz und den zerstoßenen Gewürzen vermischen. Wieder in die Hälften füllen.
Den Backofen auf 200° C vorheizen. Die gefüllten Süßkartoffeln in eine gefettete Form legen und so lange überbacken, bis eine braune Kruste entsteht. Mit Nüssen oder Sonnenblumenkernen bestreuen und zu Geflügel oder Bratenscheiben reichen.

Pellkartoffeln mit Walnuss-Sauce
Papas en cáscara con salsa de nueces

Auch die Walnuss ist aus Europa in die »Neue Welt« eingewandert – ebenso wie der Käse. Die Spanier brachten Manchega-Schafe mit, aus deren Milch der Manchego-Käse hergestellt wird.

Für 4-5 Portionen

Vorbereitungszeit: 10 Minuten
Zubereitungszeit: 25 Minuten

Zutaten

20 kleine Pellkartoffeln, Salz

Für die Sauce:

2 EL Butter
1 kleine Chilischote, entkernt, gehackt
1 Zucchino, 200 g, fein gewürfelt
1 Tasse Walnüsse, grob gemahlen
2 Tassen Gemüse- oder Fleischbouillon, selbst hergestellt oder aus dem Glas
Salz nach Geschmack
4 EL Manchego*, ersatzweise Parmesan, gerieben

Zubereitung

Die Pellkartoffeln mit etwas Salz kochen; parallel dazu die Sauce zubereiten: Die Butter in einem Topf zerlaufen lassen, Chili und Zucchino darin anbraten. Walnussschrot zugeben, mit Bouillon aufgießen, gut umrühren und aufkochen lassen. Mit Salz abschmecken. Die Kartoffeln pellen, auf einer vorgewärmten Platte anrichten, mit der Sauce übergießen und mit Käse überstreuen. Heiß servieren.

* Manchego ist der bekannteste Hartkäse von den Hochebenen Neukastiliens.

Gefüllte Kartoffeln
Papas rellenas

In einigen warmen Hochtälern der Anden gedeihen Olivenbäume – die Stecklinge kamen im Gepäck der spanischen Eroberer ins Land.
Der Parmesankäse ist ein Zugeständnis an den europäischen Gaumen.

Für 5 Portionen

Vorbereitungszeit: 20 Minuten
Zubereitungszeit: 60 Minuten

Zutaten
5 große Kartoffeln, geschält, längs halbiert und ca. 20 Minuten vorgekocht (neue Kartoffeln brauchen nicht geschält werden)

Für die Füllung:
150 g Rinderhackfleisch (Faschiertes)
2 EL Rosinen, gewaschen, getrocknet
2 EL Erdnüsse, gemahlen
7 grüne oder schwarze Oliven, entkernt, geviertelt
1 kleines Ei
1/2 TL Salz, 1/2 TL Chilipulver oder 1 kleine Chilischote, gehackt

Zum Garen:
1/2 Tasse Wasser
1 Tasse helles Bier oder Chicha
1 Tasse Sahne
1/2 Tasse Parmesankäse
3 EL Petersilie, fein gehackt
Dill, gehackt, nach Geschmack

Selbst gemauerte Herdstelle einer Indio-Familie. Mit ihren vielen Kochstellen ist sie für eine Großfamilie ausreichend. Im Backofen werden gerne »conejillos« (Meerschweinchen) gebacken.

Zubereitung
Die vorbereiteten Kartoffeln auf Küchenkrepp legen; den Backofen auf 180° C vorheizen. Kartoffeln aushöhlen, einen breiten Rand stehen lassen.
Für die Füllung alle Zutaten gut vermengen (auch das Kartoffel»fleisch«) und in die ausgehöhlten Kartoffelhälften füllen. Die Hälften in eine Auflaufform setzen, mit Wasser und Bier angießen und etwa 40 Minuten bei 180°C garen.
Dann die Sahne angießen, mit Parmesan überstreuen und weitere 10 Minuten überbacken (Backofen, evtl. auf 225° C schalten, um eine schöne Bräunung zu erzielen).
Zum Servieren mit Petersilie und nach Geschmack auch mit Dill bestreuen.
Der Dill ist ein Fremdling in der peruanischen Küche, er stammt ursprünglich aus dem Mittelmeergebiet und Südrussland; es gibt jedoch eine amerikanische Sorte, die »Indianerdill« genannt wird.

Gefüllte Kartoffeln
Papas rellenas

Fischfilets vom Titicacasee
Pescado de lago de Titicaca

Fischfilets vom Titicacasee
Pescado de lago de Titicaca

Die Fische, die am Titicacasee zu diesem leckeren Gericht genommen werden, können wir bei uns leider nicht kaufen. Aus hiesiger Anlandung eignen sich alle Plattfische, wie Seezunge, Rotzunge oder Scholle.

Vorbereitungszeit: 15 Minuten
Zubereitungszeit: 25 Minuten

Zutaten

Pro Person 1 Fischfilet, abgespült und abgetrocknet

Für die Füllung:

2 reife Kochbananen
1 mittelgroße Fleischtomate, gehäutet, entkernt, in Würfel geschnitten
1 mittelgroße Zwiebel, gerieben oder feinst gehackt
3 EL Erdnüsse, grob gehackt
1 TL Chilipulver
Salz nach Geschmack
Fett für die Form, evtl. etwas Flüssigkeit zum Angießen

Zubereitung

Die Fischfilets auf einer Arbeitsfläche ausbreiten, zart salzen und mit Chilipulver bestäuben.
Die sehr reifen Kochbananen mit einer Gabel zerdrücken, mit den übrigen Zutaten gut vermischen.
Den Backofen auf 180° C vorheizen.
Die Fischfilets großzügig mit der Füllung bestreichen und zusammenrollen. Eine Auflaufform mit Fett ausstreichen und die Fischröllchen dicht bei dicht hineinsetzen. Evtl. etwas Wasser oder Fischbouillon angießen. Mit kleinen Butterflöckchen besetzen und im Backofen etwa 10-15 Minuten garen.
Zu diesen Fischröllchen passen sehr gut frittierte Kochbananenscheiben oder Batatenscheiben.

Cebiche (vom Fisch)
Cebiche de pescado

Dieses wohl berühmteste Fischgericht Perus kann nur mit erstklassigem, wirklich ganz frischem Fisch zubereitet werden.

Für 6 Portionen

Vorbereitungszeit: 15 Minuten
Marinierzeit: 3-6 Stunden, je nach Fisch und Vorbereitung

Zutaten

900 g Fischfilet, küchenfertig – vom Fischhändler Ihres Vertrauens –, in Würfel geschnitten
3 mittelgroße Zwiebeln, in feine Streifen geschnitten
3 rote frische Chilischoten, entkernt, fein gehackt
1 TL Chilipulver, Salz nach Geschmack
Saft von 10 Limetten und 2 Bitterorangen – falls keine Bitterorangen verfügbar: Saft von 1 Blutorange und 1 Spritzer Angostura Bitter

Zubereitung

Die kalt abgespülten und gut getrockneten Fischwürfel in eine flache Schale legen. **Oder** die Fischwürfel in ein Sieb geben, mit kochendem Wasser übergießen und dann gut trocknen – das verkürzt die Zeit des Marinierens. Zwiebelstreifen und Chillies über die Fischwürfel streuen, Chilipulver und Salz mit den Zitrussäften verrühren, über die Fischwürfel gießen, kühl und abgedeckt durchziehen lassen.
Etwa 30 Minuten vor dem Servieren aus dem Kühlschrank nehmen.
Zu Cebiche werden gekochte Maiskolben, in dicken Scheiben, gekochte gewürfelte Süßkartoffeln und frische grüne Salatblätter wie Romana serviert. →

Wird Cebiche als Vorspeise gereicht, kann man die Fischwürfel noch mit Tomatenwürfeln und gehackter Petersilie bestreuen und dazu Weißbrot servieren.
Tipp: Ist das Fischfleisch weiß und nicht mehr glasig, ist die Marinierzeit beendet. Man kann das Gericht auch mit ganz frischen Garnelen zubereiten.

Die Größe der Fischwürfel ist »Geschmackssache« – sie variieren von 1,5 bis zu 3 cm. Übrigens ist das Gericht auch in Mexiko bekannt. Dort heißt es »Ceviche« oder »Seviche« und wird mit Fisch oder anderen Meeresfrüchten und Schnecken zubereitet.

Fisch auf Batatenmus
Pescado con puré de camote

Auch dieses Gericht ist wieder eine »Allianz« zwischen der »Alten« und der »Neuen Welt«. Es kitzelt den Gaumen mit ganz neuen Geschmackserlebnissen!

Für 4-5 Portionen

Vorbereitungszeit: 15 Minuten
Zubereitungszeit: 40 Minuten

Zutaten
Für das Püree:
1 kg Süßkartoffeln, rotfleischige Sorte
je 1 Orange und Zitrone, Saft davon
Salz und Pfeffer nach Geschmack
Für den Fisch:
3 EL Butter
500-600 g Fischfilet, geeignet sind Zander, Kaiserbarsch, Dorsch u. a., in Stücke geschnitten
pro Person 1 Krebsschwanz oder 1 große Garnele mit Panzer
10 schwarze Oliven, entkernt, in Viertel geschnitten
einige Blättchen Thymian
3 hart gekochte Eier, in Scheiben geschnitten
1 Tasse Schafskäse, zerkrümelt

Zubereitung
Bataten schälen, würfeln, mit Wasser kochen, dann pürieren, mit Zitrussaft und den Gewürzen abschmecken und in einer Servierschüssel warm stellen.
Butter in einer Pfanne erhitzen, die Fischstücke darin anbraten; währenddessen die Krebs- oder Garnelenschwänze in kochendem Wasser 3-4 Minuten garen. Herausnehmen und ausbrechen, zum Fisch in die Pfanne geben. Olivenstückchen und Thymian unterschwenken.
Eine Vertiefung in das Batatenmus drücken, den Pfanneninhalt hineingeben, mit dem Käse überstreuen und mit den Eischeiben garnieren.

Fisch auf Batatenmus
Pescado con puré de camote

Garnelen mit Kokos
Camarones con coco

Bei Verwendung von frischer Kokosnuss das Wasser auffangen, die Nuss mithilfe eines Hammers zerkleinern und das weiße Fleisch von der harten braunen Schale schneiden. Kokosfleisch mit dem Wasser pürieren – der Geschmack lohnt die Mühe!

Für 3-4 Portionen

Vorbereitungszeit: 15-25 Minuten
Einweichzeit: Kokosraspel, über Nacht
Zubereitungszeit: 5-8 Minuten

Zutaten
200 g Kokosraspel, in Wasser eingeweicht oder frisches Kokosfleisch und Kokoswasser
3 EL Butter
1 große rote Chilischote mit Kernen, gehackt
2 Kochbananen, geschält, gewürfelt
2 Tassen Würfel von Honigmelone
1 mittelgroße Fleischtomate, gehäutet, entkernt, in Würfel geschnitten
500 g frische Garnelenschwänze, küchenfertig, kleinere Kalibrierung
1 Tasse Gemüse- oder Fischbouillon, evtl. aus dem Glas oder selbst hergestellt
eventuell einige Korianderblättchen

Zubereitung
Kokosraspel mit dem Einweichwasser pürieren – oder frische Kokosnuss verwenden. Butter in einer Pfanne zerlassen, Chili und Kochbananen darin anbraten, Melonen- und Tomatenwürfel zugeben, unter Rühren etwa 2 Minuten braten. Dann die Garnelenschwänze einlegen, Kokospüree zugeben und mit Bouillon auffüllen. Kurz aufkochen lassen, von der Kochstelle nehmen und noch für kurze Zeit durchziehen lassen. Mit Koriander bestreuen und Reis dazu servieren.

Stockfisch mit Nüssen
Bacalao con nueces

»Bacalao« ist meist getrockneter Kabeljau. Am Titicacasee werden heimische Fische gesalzen und getrocknet. Sie werden aber gleichfalls als bacalao angeboten.

Vorbereitungszeit: 15 Minuten
Einweichzeit: für den Fisch 2 Tage
Zubereitungszeit: 40 Minuten

Zutaten
1 kg Stockfisch
4 EL Öl
2 Fleischtomaten, enthäutet, in halbe Scheiben geschnitten
3 Zwiebeln, in halbe Ringe geschnitten
3 Knoblauchzehen, fein geschnitten
2 Chilischoten ohne Kerne, fein gewürfelt
2 Tassen Milch
1 Tasse Walnusskerne, grob zerkleinert
1 Tasse Rosinen
1 Tasse kleine Weißbrotwürfel
Salz, Pfeffer, Oregano nach Geschmack
3 EL Petersilie, fein gehackt

Zubereitung
Den Stockfisch in Stücke brechen und in mehrfach gewechseltem Wasser einweichen. Abtropfen lassen, dann in reichlich kaltem Wasser (ca. 5 l) aufsetzen, zum Kochen bringen, Hitzezufuhr zurücknehmen und den Fisch ca. 5 Minuten ziehen lassen. Abtropfen lassen. In einer großen Pfanne das Öl erhitzen, Tomaten und Zwiebeln sowie Knoblauch und Chili andünsten und den Fisch obenauf legen. Milch angießen. Walnusskerne und die Rosinen um den Fisch legen. Brotwürfel und Gewürze darüber verteilen und bei geschlossenem Deckel schmoren. In der Pfanne, mit Petersilie bestreut servieren.

Geschmortes à la Arequipa
Estofado a la Arequipeña

Das Geschmorte kann mit gekochten Süßkartoffeln oder Quinoabrei zu Tisch kommen. Quinoa* ist ein Grundnahrungsmittel der Andenbevölkerung.

Für 6-7 Portionen

Vorbereitungszeit: 20 Minuten
Zubereitungszeit: 45 Minuten

Zutaten
1/2 Huhn, in Stücke zerteilt
je 250 g Rind- und Schweinefleisch
2 Knoblauchwürstchen (Chorizos)
100 g durchwachsener Speck, gewürfelt
2 große Zwiebeln, gehackt
2 große Tomaten, gehäutet, grob gehackt
1 rote Paprikaschote, entkernt, gewürfelt
4 Knoblauchzehen, zerdrückt
3 Tassen Kochbrühe
2 TL grüne Pfefferkörner, zerquetscht
1 TL Oregano, gerebelt, 1 TL Salz
2 EL bitteres Kakaopulver, in wenig Wasser angerührt
2-3 Tassen Weißwein oder helles Bier (anstatt Chicha)

Zubereitung
Huhn, Rind- und Schweinefleisch etwa 30 Minuten in Wasser sprudelnd kochen. Aus der Kochbrühe nehmen (dieselbe aufheben), Huhn häuten und das Fleisch in mundgerechte Stücke schneiden. Würstchen in Scheiben schneiden und alles beiseite stellen.
In einem breiten Topf den Speck auslassen, Zwiebeln darin anbräunen, Tomaten sowie Paprika und Knoblauch zugeben, anschwitzen, dann mit der Kochbrühe angießen. Fleisch, Würstchen und Gewürze zugeben, erhitzen, angerührten Kakao unterziehen und nach Geschmack mit Wein oder Bier auffüllen.
Einmal aufkochen lassen und heiß servieren.

Gebratene Schweinskeule
Brazuelo (pernil) de cerdo frito

Für 4-5 Portionen

Vorbereitungszeit: 2 Tage vor dem Braten mit dem Marinieren beginnen
Bratzeit: ca. 2 Stunden

Zutaten
1 kg Schweinskeule
2 TL Salz
2 TL Pfeffer
2 TL Kümmelpulver
6 Knoblauchzehen, zerdrückt
2 Flaschen helles Bier (0,33 l) oder Chicha
4 EL Schmalz

Zubereitung
Die vom Fleischer zugeschnittene Keule mit Salz, Pfeffer und Kümmel einreiben. In Alufolie wickeln und einen Tag im Kühlschrank ruhen lassen. Am nächsten Tag mit Knoblauch einreiben und nach einigen Stunden Ruhe in einem Topf mit dem Bier übergießen.
Wieder einen Tag marinieren lassen.
Backofen auf 200° C vorheizen. Das Fleisch aus der Marinade nehmen, in eine Bratpfanne legen. Schmalz in einer Pfanne stark erhitzen und über den Braten gießen. Etwas von der Marinade angießen und das Fleisch im Backofen etwa 2 Stunden braten oder so lange, bis es zart ist! Mit der Marinade immer wieder während des Bratens übergießen. Zum Servieren den Braten in Scheiben schneiden und mit dem Bratensaft übergießen. Maiskolben und Bataten oder Kartoffeln können dazu gereicht werden. In den Andenländern verwendet man statt Bier natürlich Chicha.

*** Die Quinoa-Pflanze, auch Reismelde und Peru-Spinat genannt, gedeiht bis in einer Höhe von 4500 Metern. Im Herkunftsland werden auch die frischen grünen Blätter als Salat oder in Suppen und Maisgerichten gegessen (siehe auch Seite 167).**

Schweinebraten mit Bohnen
Runaucho

Zu diesem Schweinebraten kann man auch getrocknete, gut eingeweichte Kidneybohnen nehmen, die in Peru riñoncitos heißen (nicht zu verwechseln mit riñones = Nieren). Kümmel und Nelken kamen auf dem Seeweg nach Peru.

Für 4-5 Portionen

Vorbereitungszeit: 20 Minuten
Zubereitungszeit: 90 Minuten

Zutaten

1 kg magerer Schweinebraten
3 Knoblauchzehen, zerdrückt
1 TL Kümmelpulver
1 TL Salz
1 TL Nelkenpulver
1 Dose Bohnenkerne (Einwaage 300 g)
8-10 kleine Kartoffeln, gekocht
1 Tasse Erdnüsse
2 Tassen Milch
4 EL Öl
Petersilie, gehackt, zum Bestreuen

Zubereitung

Den Braten mit den Gewürzen einreiben und eine Nacht ruhen lassen. Backofen auf 200° C vorheizen.
In einer Bratenpfanne den marinierten Braten mit dem heißen Öl übergießen, heißes Wasser angießen und eine Stunde schmoren lassen.
Erdnüsse, Bohnen und Kartoffeln um den Braten herum legen und die Milch angießen. Weitere 15 Minuten im Backofen durchziehen lassen.
Den Braten anschließend in Scheiben schneiden, die Beilagen um den Braten herum anordnen, mit dem Bratenfond übergießen, mit Petersilie dick bestreuen.

Gebratene Ente in Gemüse
Pato asado

Diese Zubereitung eignet sich auch für eine Wildente oder Gans. Anstatt Flageolet-Bohnen können auch Saubohnen genommen werden. Die Saubohne ist die einzige Bohne, die in der »Alten Welt« heimisch ist.

Vorbereitungszeit: 20 Minuten
Zubereitungszeit: 90 Minuten

Zutaten

1 Ente, bratfertig
1 TL Salz
1/2 TL Pfeffer
200 g frische grüne Stangenbohnen, in Stückchen geschnitten
6-8 kleine Kartoffeln, geschält, halbiert
1 Dose grüne Bohnenkerne (Einwaage ca. 300 g), Flageolet-Bohnen
1 Tasse Erdnüsse
1 Becher Sahne (200 g)
4 EL fein gehackte Petersilie
evtl. Salz nach Geschmack

Zubereitung

Den Backofen auf 220° C vorheizen.
Die innen gewürzte Ente mit der Brust nach unten in einen Bräter legen. Etwa zwei Tassen heißes Wasser angießen und eine knappe Stunde bei 220° C braten.
Die Ente öfter anstechen, damit das Fett austreten kann.
Die Ente wenden. Ist zuviel Fett im Bratensaft, sollte das Fett abgeschöpft werden.
Die Kartoffelhälften um den Braten legen, wieder etwas Wasser angießen und alles zusammen fertig braten.
Zum Schluß kommen die Bohnenkerne und die Erdnüsse dazu. Alles mit der Sahne übergießen, mit der Petersilie überstreuen. Im heißen Ofen 15 Minuten ruhen lassen. Zum Servieren portionieren.

Geschmorte Nieren
Anticuchos de riñones (Riñonada)

Die Kochbananen, auch Pferde- oder Gemüsebananen genannt, gelten in vielen Ländern als Grundnahrungsmittel ähnlich der Kartoffel. Das Fleisch ist sehr stärkehaltig, roh sind sie nicht genießbar.

Vorbereitungszeit: Wässern der Nieren mind. 2 Stunden, 20 Minuten
Zubereitungszeit: 25 Minuten

Zutaten

4 große Schweinenieren, Essigwasser
3-4 EL Schmalz oder Maiskeimöl
2-3 große Kartoffeln, geschält, fein gewürfelt
1 mittelgroße Zwiebel, fein gehackt
1 Chilischote, entkernt, fein gehackt
3 EL ganze Erdnüsse, gesalzen
2 Kochbananen, in Scheiben geschnitten
4 EL Petersilie, fein gehackt

Zubereitung

Die Nieren längs halbieren, die Harnstränge großzügig herausschneiden. Die Nieren in Essigwasser legen, um den Harngeschmack herauszuziehen. Mindestens 2 Stunden wässern, das Essigwasser dabei wechseln. In einer Pfanne Schmalz oder Öl erhitzen, Kartoffeln, Zwiebeln und Chili darin andünsten. Nach 10 Minuten die Nieren einlegen, Wasser angießen und weitere 15 Minuten dünsten oder braten, je nach Geschmack. Zum Schluss die Erdnüsse und Bananenscheiben dazugeben, Pfanneninhalt wenden, kurz durchziehen lassen, mit Petersilie bestreuen und in der Pfanne auf den Tisch bringen.

Kutteln aus den Anden
Mondongo andino

Kutteln sind auf dem Lande und in der Stadt beliebte Eintopfgerichte. In Lima gibt es ein Rezept mit Namen »Cau Cau«, das mit Zwiebeln, Chili, Knoblauch, Kümmel und palillo* zubereitet wird; zuletzt werden gekochte Kartoffelwürfel daruntergehoben.

Für 3-4 Portionen

Vorbereitungszeit: 15 Minuten
Zubereitungszeit: 25 Minuten

Zutaten

4 EL Maiskeimöl oder Schmalz
2 Tomaten, gehäutet, grob gehackt
2 grüne Chilischoten, entkernt, fein gehackt
knapp 1 Tasse Fleischbouillon
500 g vorgekochte Kutteln (Kaldaunen) – evtl. beim Metzger/Fleischer vorbestellen
2 EL Petersilie, fein gehackt
1 EL Korianderkraut, gehackt
Salz nach Geschmack

Zubereitung

Das Fett in einer tiefen Pfanne erhitzen, Zwiebel darin anschwitzen. Tomaten und Chili zugeben, unter Rühren glasig dünsten. Mit Bouillon auffüllen und etwa 10 Minuten einköcheln. Kutteln zugeben, alles durchkochen lassen und eventuell noch etwas Flüssigkeit auffüllen. Abschmecken und mit den Kräutern bestreut in der Pfanne zu Tisch bringen.

Tipp: Die Kutteln, die meist recht grob geschnitten verkauft werden, in feinere Streifen schneiden.

* Palillo heißt auch »azafran de los Andes«; das aus dem Wurzelwerk der Pflanze gewonnene Pulver wird zum Färben und Würzen von Speisen verwendet.

Schokoladenschaum
Espuma de cacao

Schokoladenschaum
Espuma de cacao

Der Schokoladenschaum kann an heißen Tagen auch als kühles Getränk gereicht werden: Schaum halbhoch in Gläser füllen, mit Mineralwasser aufgießen und mit einer Eischneehaube krönen. Wer es noch erfrischender liebt, gibt etwas Crushed Ice dazu.

Für 6 Portionen

Vorbereitungszeit: 15 Minuten
Zubereitungszeit: 15 Minuten

Zutaten
3 Tassen Milch
3 EL Zucker
1 Tasse bitteres Kakaopulver
1/2 TL Nelkenpulver
1 Prise Salz
2 Eigelb
1 EL Maisstärke
2 sehr frische Eiweiß, zu Schnee geschlagen
1 EL Puderzucker
Variation: 1/2 Honigmelone, geschält, entkernt, püriert

Zubereitung
Die Milch mit Zucker, Kakaopulver, Nelkenpulver und Salz mit dem Schneebesen gut durcharbeiten und das Ganze zum Kochen bringen. Die Eigelbe mit dem Stärkepuder gut vermischen und in die Milch laufen lassen. Kurz aufkochen und vom Feuer nehmen, anschließend abkühlen lassen. Die Eiklar mit dem Zucker vermischen.
Auf jede Portion Schokoladenschaum einen Esslöffel von dem Eisschnee als Haube obenauf setzen.
Als Variation kann unter den Schokoladenschaum auch eine halbe pürierte Honigmelone gezogen werden.

Soufflé von Tapiokagrieß
Soufflé de almidón de yuca

Tapiokastärke und -grieß werden aus den Knollen der Maniok- (oder Cassavapflanze) gewonnen. Prähistorische Funde weisen Maniok in Peru schon vor Jahrtausenden nach.

Für 6 Portionen

Vorbereitungszeit: 20 Minuten
Zubereitungszeit: 60 Minuten

Zutaten
4 Tassen Milch
2 Tassen Tapiokagrieß
500 g Quark
1 Ei
1 Päckchen Backpulver
1 Prise Salz
2 EL Zucker
1 TL Vanilleextrakt
1 TL Zimtpulver

Zubereitung
Die Milch mit dem Tapiokagrieß unter ständigem Rühren auf kleiner Flamme sieben Minuten köcheln lassen.
Anschließend den Brei auskühlen lassen. Alle weiteren Zutaten mit dem Handmixer oder dem Schneebesen gut vermengen und den ausgekühlten Tapiokabrei dazugeben. Gut durcharbeiten.
Eine Auflaufform einfetten; den Backofen auf 200° C vorheizen. Die Masse in die Form füllen und etwa 45 Minuten backen, bis das Soufflé goldbraun ist.

Schokoladen-Soufflé
Merengue de cacao

Dieses Rezept stammt aus Arequipa, wo die beste Schokolade des Landes hergestellt wird. Rasch servieren, da Soufflés schnell in sich zusammenfallen. Vanillesauce schmeckt gut dazu!

Für 6 Portionen

Vorbereitungszeit: 15 Minuten
Zubereitungszeit: 65 Minuten

Zutaten

150 g Butter
4-5 EL Rohrzucker
1 Becher Sahne (200 ml)
5 Eigelb
1 Päckchen Backpulver
2 Tassen Mehl
1 Prise Salz
1 Tafel bittere Schokolade, geraspelt
5 Eiweiß, zu Schnee geschlagen

Zubereitung

Butter und Zucker im Mixer schaumig rühren.
Die Sahne und die Eigelb unterrühren. Das Backpulver mit dem Mehl vermischen und mit der geraspelten Schokolade esslöffelweise dazugeben. Zum Schluss mit Salz abschmecken und den Eischnee unterziehen.
Eine Auflaufform einfetten; den Backofen auf 200° C vorheizen. Das Soufflé etwa 50 Minuten im Backofen aufziehen.
Tipp: Schokolade in den Kühlschrank legen, gekühlt lässt sie sich leichter raspeln.

Pfeilwurz Blanc-manger mit Früchten
Mazamorra de chuño con frutas

Die Pfeilwurz ist eine Staude mit langen stärkehaltigen Rhizomen. Die Pflanze gehört zur Familie der Maranta. Aus den knolligen Wurzeln wird die leicht verdauliche Stärke, die auch unter dem Namen »Arrowroot« bekannt ist, gewonnen.

Für 3-4 Portionen

Vorbereitungszeit: 10 Minuten
Zubereitungszeit: 15 Minuten

Zutaten

ca. 250 g Früchte nach Wahl, zum Beispiel Orange, Pfirsiche oder Guave, auch ein Stück Ananas
knapp 1/2 l Wasser
40 g feiner Zucker
25 g Pfeilwurzelmehl, angerührt in wenig kaltem Wasser

Zubereitung

Frucht oder Früchte nach Wahl schälen, entkernen und zerkleinern. In Wasser etwa 8-10 Minuten kochen.
Den Zucker zugeben, weitere 3 Minuten kochen.
Dann das angerührte Pfeilwurzelmehl einrühren.
Weiterrühren, bis die Speise andickt.
Von der Kochstelle nehmen und in eine kalt ausgespülte Pudding-Form füllen und kalt stellen.
Tipp: Soll der Pudding gestürzt werden, einen EL mehr Pfeilwurzelmehl nehmen.

Kräuterbrötchen
Allulas

Die Indios essen diese Brötchen gern mit Griebenschmalz. Die Gewürze kann man variieren. Wer es schärfer liebt, gibt zwei frische, fein gehackte Chilischoten mit in den Teig.

Der Teig ergibt etwa 6 Brötchen.

Vorbereitungszeit: 15 Minuten
Zubereitungszeit: 40 Minuten

Zutaten

3 Tassen Weizenmehl
1 Würfel Hefe, in 4 EL warmer Milch aufgelöst
4 EL Öl
1/2 Tasse Bouillon, kalt
4 EL fein gehackte Petersilie
1 TL Salz
1 TL Chilipulver
2 EL Zucker

Zubereitung

Das Mehl in eine Schüssel geben und in die Mitte eine Vertiefung drücken. Die aufgelöste Hefe hineingeben, leicht mit Mehl bestäuben und gehen lassen.
Anschließend alle Zutaten zu einem Knetteig vermengen, der gut durchgearbeitet werden muss.
Nur soviel Bouillon zugießen, wie der Teig aufnimmt (meistens eine halbe Tasse).
Backofen auf 200° C vorheizen.
Sechs Teigkugeln zu Brötchen formen und auf ein gefettetes Blech oder auf ein mit Backpapier ausgelegtes Blech setzen.
Die Oberfläche kreuzweise einschneiden und mit Wasser oder der restlichen Bouillon bestreichen; in 30 Minuten knusprig backen.

Feigenkuchen
Pastel de higos

Bereits vor 5000 Jahren wurden in Kleinasien Feigenbäume kultiviert. Die Kulturen breiteten sich über den gesamten Mittelmeerraum aus. Die Conquistadores brachten die Feigen auch nach Südamerika. Der Feigenbaum wird heute in vielen Teilen der Welt angebaut; er liebt trockenheiße Sommer und feuchte, kühle Winter.

Vorbereitungszeit: 15 Minuten
Zubereitungszeit: 10 Minuten

Zutaten

3 Tassen Mehl
1 Würfel Hefe, in 1/2 Tasse Milch aufgelöst
3 Eier
125 g Butter (Zimmertemperatur)
1 Tasse Puderzucker
1 Tasse geraspelte Mandeln
1 Paket Feigen, fein geschnitten
oder 15 frische Feigen, fein geschnitten
1 Prise Salz
Milch bei Bedarf

Zubereitung

Das Mehl in eine Rührschüssel häufeln, in die Mitte eine Vertiefung für die aufgelöste Hefe drücken. Leicht mit Mehl überziehen und gehen lassen. Danach die übrigen Zutaten zugeben und mit dem elektrischen Handrührer einen glatten Rührteig zubereiten, dem bei Bedarf etwas Milch zugegeben wird.
Eine rechteckige Kuchenform einfetten; den Backofen auf 200° C vorheizen.
Den Teig in die Kastenform füllen und etwa eine Stunde backen; Stäbchenprobe machen.

Gewürzbrot
Pan con especias

Die Quinoa, eine Getreideart mit hirseähnlichen Körnern, durfte während der Zeit der Conquista nicht angebaut werden – so wurden die Indios vom Weizen der Eroberer abhängig gemacht.

Für 1 Brot von 750 g

Vorbereitungszeit: 20 Minuten
Ruhezeit: 40-50 Minuten
Zubereitungszeit: 80 Minuten

Zutaten

500 g Weizenmehl oder 300 g Weizenmehl und 200 g Quinoamehl (im Reformhaus oder Naturkostladen erhältlich)
1 Würfel Hefe
3 Tassen Milch
1 TL Salz
1 TL Chilipulver
1 TL Kreuzkümmelpulver
1/2 TL Knoblauchpulver

Zubereitung

Die Hefe in einer Tasse warmer Milch auflösen.
Das Mehl in eine Schüssel sieben, in die Mitte eine Vertiefung drücken und die Hefemilch hineingießen.
Leicht mit Mehl überziehen. Gehen lassen.
Danach langsam alle Zutaten und Gewürze zur Teigmasse geben, von der Milch nur soviel, wie der Teig aufnimmt, damit ein Knetteig entsteht.
Den Teig kräftig schlagen oder kneten und an einem warmen Ort wieder gehen lassen.
Den Backofen auf 200° C vorheizen; eine Kastenform einfetten. Den Teig in die Form füllen und auf der untersten Schiebeleiste etwa 65 Minuten backen.

Vor dem Verzehr zwei Tage ruhen lassen.

Brot mit Erdnüssen
Pan con cacahuete

Der Name »cacahuete« stammt aus der Nahuatl-Sprache der Azteken. Die botanische Heimat der Erdnuss jedoch liegt wahrscheinlich weiter südlich, nämlich in den Voranden und in Brasilien.

Für 1 Brot von 500 g

Vorbereitungszeit: 15 Minuten (ohne das Aufgehen der Hefe)
Zubereitungszeit: 70 Minuten

Zutaten

500 g Weizenmehl
1 Würfel Hefe, in 1/2 Tasse warmer Milch aufgelöst
4 EL Butter
3 EL Zucker
1 1/2 TL Salz
3 Eier
1 Beutel ungesalzene oder frische Erdnusskerne, grob gemahlen (Einwaage 200 g)

Zubereitung

Das Mehl in eine Schüssel geben und in die Mitte eine Vertiefung drücken, die aufgelöste Hefe hineingießen.
Leicht mit Mehl überziehen und gehen lassen.
Die weiteren Zutaten zum Hefestück geben und alles mit einem Knethaken sehr gut durcharbeiten.
Auf einer bemehlten Arbeitsfläche mit den Händen weiter arbeiten, bis ein fester Teig entsteht, aus dem ein Brotlaib geformt werden kann.
Den Backofen auf 200° C vorheizen.
Den Laib auf ein gefettetes Backblech legen, mit Wasser bepinseln und etwa eine Stunde backen.

Brot mit Erdnüssen
Pan con cacahuete

AUFBRUCH IN DAS LAND DER

AZTEKEN

Staunend sahen im April 1517 – es war der Ostersamstag – die Indios, die am Strand der heutigen Stadt Veracruz standen, eine Flotte hoch aufgerichteter, großer Schiffe landen. An Bord dieser gigantischen »Wasserhäuser«, wie sie sie nannten, sahen sie Menschen, die ihrem gütigen Gott Quetzalcóatl, der gefiederten Schlange, ähnlich waren, mit schulterlangen, wehenden blonden Haaren.

In Tollan, dem heutigen Tula, residierte einst der Herrscher Ceacatl Topiltsin, der den Namen des Gottes Quetzalcóatl angenommen hatte und sich nach seinem Tode mit diesem vereinigte. Er wurde später nicht nur bei den Tolteken verehrt, sondern überregional. Er hatte sich gegen den religiösen Kult von Menschenopfern ausgesprochen und böse Mächte zwangen ihn, sein geliebtes Volk zu verlassen. Hierüber gibt es zwei Versionen. Die eine besagt, dass er durch Selbstverbrennung aus dem Leben geschieden ist und zum Morgenstern wurde. Die zweite Version besagt, dass er sein Volk mit einem Schiff verlassen hat. Die Weissagung prophezeite nun, dass dereinst Quetzalcóatl wiederkehren würde, um dem Land Frieden, Glück und Freude zurückzubringen.

So wurde Hernán Cortés (auch Hernando Cortez) mit seinen Gefolgsleuten zunächst als der wiederkehrende Gott empfangen und begrüßt. Wie verhängnisvoll hat sich dieser Irrtum ausgewirkt!

Hernán Cortés zog mit seinem kleinen Heer von etwa 400 spanischen Soldaten, einem Trupp Büchsen- und Armbrustschützen, einem Dutzend Reitern und sechs oder sieben kleinen Kanonen zur Passhöhe, die flankiert war von zwei schneegekrönten Bergen, dem Vulkan Popocatépetl (»Rauchender Berg« mit 5450 m Höhe) und dem Ixtaccihuatl (»Weiße Frau« mit 5286 m Höhe).

Auf dieser Passhöhe versammelten sich Fürsten, Abgesandte des Herrschers Moctezuma II., um den letzten Versuch zu unternehmen, das kleine spanische Heer am Einzug ins

Hochtal von Anáhuac mit der aztekischen Hauptstadt Tenochtitlán zu hindern.
Der Aztekenherrscher ließ Geschenke von bezaubernder Schönheit aus Gold, Silber und Edelsteinen überbringen, von den Spaniern wurde aber nur der Wert des Goldes erachtet!
Wie wir wissen, ließ sich Hernán Cortés mit seinen Gefolgsleuten nicht von seinem Plan abbringen die Stadt Tenochtitlán zu erobern, und so stand er bald staunend vor einer Stadt, die im Texcoco-See erbaut war. Er sah die berühmten schwimmenden Gärten von Xochimilco, sah den unvorstellbaren Luxus, in dem die Oberschicht der Azteken lebte. Er wurde an die Tafel des Herrschers gebeten und er erlebte und genoss die ganze Vielfalt der aztekischen Küche.

Bernal Diaz del Castillo, ein Begleiter des Hernán Cortés, vermittelt uns die Bewunderung für Moctezuma II., seine distinguierte Erscheinung, seine ausgezeichneten Umgangsformen. Er notierte in »Historia Verdarera de la Conquista de la Nueve España«: »Er war ein großartiger Herr, sehr fein in seinen Manieren. Gegenüber Älteren in seiner Umgebung benahm er sich respektvoll wie ein Herr.«
Die Adeligen und das Volk der Azteken waren ebenso höflich und es ist anzunehmen, dass sie ein hohes Niveau an Kultiviertheit hatten. Auch aus heutiger Sicht kann die Autorin berichten, dass es sich im Lande der Azteken gut reisen lässt. Die Mexikaner sind in der Regel sehr höflich, zuvorkommend und stets hilfsbereit.

Nach dem Markt die wohlverdiente Siesta genießen...

Bei dieser Auswahl an Fleisch und Gemüse fällt die Entscheidung schwer...

Eine kurze Einführung in die Geschichte

Im 12.–14. Jahrhundert war das Volk der Azteken auf der Suche, einen Ort zu finden, an dem es sich niederlassen konnte. Von dem mythischen Ort Aztlán im Norden von Mexiko kamen sie auf ihren langen Wanderungen zunächst nach Chapultepec, dann weiter nach Calhuacán und im Jahre 1325 ließen sie sich endgültig an dem Ort nieder, wo sie Tenochtitlán, ihre spätere Hauptstadt,1370 gründeten.

Von der Zeit, in der sie in Aztlán lebten, wissen wir so gut wie nichts. Wir wissen nicht einmal mehr, wo dieser Ort lag. Als die Azteken ins Hochtal von Anáhuac – in dem heute Mexiko City liegt – kamen, fanden sie drei Königreiche vor, die am Texcoco-See herrschten. Nur wenige Jahre nach der Niederlassung der Azteken ergaben sich zwischen den drei Königreichen politische Veränderungen, kam es zu inneren Kämpfen und blutigen Schlachten. Die Azteken entwickelten sich bei diesen Kämpfen zu bemerkenswert tüchtigen Kriegern mit straff organisierter Kampfeskraft.
Die schnell und stark anwachsende Bevölkerung im Hochtal von Anáhuac war in viele Stände geordnet und in straffer, sozialpolitischer Ordnung gegliedert.

Zunächst lebten sie von allem, was der See ihnen bot; später folgten sie dem Beispiel ihrer Nachbarn und entwickelten sich unter anderem zu tüchtigen Bauern, die viele Sorten Mais anbauten und ein reichhaltiges Angebot von Bohnen der verschiedensten Sorten auf die Märkte brachten. Ebenso Kürbis, Tomaten, Kakao, Tabak, Chili, Baumwolle und die vielseitig genutzte Agave, um nur die bekanntesten Pflanzen zu nennen. Die aztekischen Bauern kannten den Brandrodungsbau (Milpa-System) und die künstliche Bewässerung. Der Stand der Bauern war frei und geachtet.
Die aztekische Monarchie begann im Jahre 1376, aber erst unter dem 4. König, Izcoátl, wurden die Azteken von ihren Nachbarn, den Tepaneken von Azcapolzalco, unabhängig.

Der 5. König, Moctezuma I., war ein sehr bedeutender Herrscher. Er regierte bis zum Jahre 1469, und sein Reich erstreckte sich bis zum heutigen Veracruz und Oaxaca. Die herrliche Stadt Tenochtitlán im Texcoco-See ließ er von hervorragenden Architekten erweitern und verschönern. Er ließ Hütten durch Steingebäude ersetzen; insgesamt wurde in seiner Regierungszeit die Hauptstadt eine blühende, schöne Stadt, sehr geordnet und gut verwaltet. Als die Spanier diese Stadt sahen, waren sie überrascht von der Reichhaltigkeit und Sauberkeit der Märkte.
Regiert wurde das Volk von einem Herrscher und dem ihm verwandten Erbadel sowie weiteren Fürsten und Adeligen. Die obersten Priester beaufsichtigten die Staatsreligion. Sie waren dem Adel gleichgestellt. Dann folgte der Rangordnung nach der Verdienstadel, Männer, die sich auf vielen Kriegszügen verdient gemacht hatten. Sie wurden durch Zuteilung von Ländereien belohnt.
In hohem Ansehen standen auch die Kaufleute, die nicht nur Handel trieben, sondern auch als Spione in angrenzenden Ländern tätig waren.
Es folgten dem Rang nach die Vertreter von geachteten Handwerkszweigen wie Goldschmiede, Mosaikarbeiter, Federwerksarbeiter, Bildhauer, Steinschneider und Architekten. Kunst und Wissenschaft wurden gefördert und standen in voller Blüte. Außer den obersten Priestern gab es Priester jeden Standes. Man kannte etwa 38 verschiedene Priesterränge allein in Tenochtitlán.
Auf der untersten Stufe dieser sozialen Ordnung standen die Unfreien, vor allem die Schuldsklaven und die Kriegsgefangenen, die oft für Kulthandlungen ausersehen wurden.
Es ist uns überliefert, dass man wohlorganisierte Kriegszüge, auch »Blumenkriege« genannt, unternahm, um eben diese Kriegsgefangenen für Opferriten zu bekommen, die zum Teil auch rituell verspeist werden mussten, damit sie, nach dem Glauben der Azteken, den Himmelsgottheiten wieder die Kraft gaben, sich am Himmel zu erheben und die kosmische Ordnung in Gang zu halten.
Nach weiteren drei Herrschern, Axayacatl, Ahuitzotl und Tizoc, regierte Moctezuma II. von 1502 bis zur Ankunft von Hernán Cortés in Tenochtitlán. Unter seiner Herrschaft erreicht das Gebiet der Azteken seine größte territoriale Ausdehnung. Die Azteken waren auf dem Höhepunkt von Macht und Ruhm!
Tenochtitlán hatte zu dieser Zeit eine Ausdehnung von ca. 13 Quadratkilometern. Das aztekische Reich endete mit der Eroberung von Tenochtitlán und der Gefangennahme des 11. und letzten Herrschers Cuauhtemóc am 13. August 1521.

Mais – Zuckermais – Masa harina

Die ersten zuverlässigen Maisfunde datieren aus der Zeit um ca. 7000 v. Chr. im Hochtal von Mexiko. 1954 fand man jedoch bei einer Bohrung fossile Pollen vom Mais, die auf ca. 80 000 v. Ch. datiert wurden. Legt man die prähistorischen Maiskolben der Indianer Mexikos (Zea mays) neben Maiskolben der Gegenwart, so wird man feststellen, dass im letzteren die Körner viel größer und zahlreicher sind.

Die ersten Europäer wurden im Jahre 1492 auf Kuba mit der uralten Pflanze bekannt. Bereits 1493 wurden die ersten Maiskörner nach Europa gebracht. Von 1948-1950 fanden in den »Bat caves« (Fledermaushöhlen) in New Mexico Ausgrabungen statt, die die erste fossile Beweiskette lieferten, wonach Mais eine jahrtausendelange Evolution vom Einfachen zum Komplizierten durchmachte. Maiskolben aus heutiger Züchtung sind umgeben von Lieschblättern. Von dieser zähen Hülle kann sich der Kolben nicht selbst befreien, die Körner können nicht herausfallen um neue Pflanzen hervorzubringen, das heißt, er kann sich nicht mehr selbstständig fortpflanzen, sondern muss gezüchtet werden. Das Hauptnahrungsmittel der Azteken war der Mais; er war die Grundlage ihrer Ernährung und gleichbedeutend mit Wohlstand. Von einer guten Maisernte hing das Wohlergehen des Volkes ab. Missriet die Ernte, war Hungersnot die Folge.
Maisgottheiten nehmen daher in der aztekischen Götterwelt einen breiten Raum ein.
Die Götter des Mais waren auch gleichzeitig die Götter der Blumen, der Freude, der Feste und Spiele. Von ähnlich großer Bedeutung waren die Regengötter, denn von ihnen hing der Ertrag der Ernte ab.
So wichtig war das Gedeihen der Maisstaude, dass es für jede Entwicklungsstufe eine besondere Bezeichnung gab. Die Maisstaude wurde »toctli«, der ganze Kolben »elotl« genannt. Der reife Mais, bei dem schon die fadenförmigen Griffel aus der Spitze der Kolben als »Seide« herausragten, hieß »xilotl«, ausgereifte Kolben »cintli«, der entkörnte Kolben »oloutl« und die Maiskörner »tlaolli«.
Bernardino de Sahagún verdanken wir genaue Aufzeichnungen über die verschiedenen Maisarten der vorspanischen Zeit.
Danach gab es: »Den weißen, den gelben, den blauen, schwarzen, schwarz gesprenkelten, den rabenschwarzen, den breiten runden Mais, den geblümten, den gleichsam blutrotgestreiften, der mit Blutfarbe bemalt ist.
Dann den braunen Mais, die verschiedenen Zwillingsbildungen des Mais, und die gespaltenen Maiskolben. Die jungen Maiskolben und die halbreifen Maiskolben.«
Den Mais, wie ihn die Azteken ernteten, auch nicht jenen Mais aus der Zeit, als die Spanier im Lande waren, bekommen wir heute nicht mehr. Der »nixtamal« (sprich nischtamal), wie

er von den Azteken zubereitet wurde, war mit einem speziellen Kalk gekocht. Durch seine Zugabe löste sich während des Kochvorgangs die Haut vom Korn.
Man nahm für 1 kg weiße Maiskörner 3-4 Liter Wasser und 4 Esslöffel Felsasche oder Kochkalk. Diesen Kalk findet man auf fast keinem Markt mehr. Die Autorin hat sich berichten lassen, dass in Guatemala am Atitlan-See Kochkalk noch zu kaufen sein soll.
In einem Kochtopf wurde das Wasser mit dem Kalk zum Kochen gebracht und dann die gereinigten Maiskörner hineingeschüttet, die so lange gekocht wurden, bis sich die Haut vom Korn löste. Das konnte Stunden dauern! Der nixtamal blieb einen Tag stehen, wurde möglichst unter fließendem Wasser gründlich ausgewaschen und die mühsame Arbeit auf dem Reibestein begann.
Der zerriebene Mais wurde dann mit Wasser und gemahlenem Kalkstein verknetet, bis ein glatter, fester Teig entstand.
In Mexiko bekommt man heute nixtamal fertig abgepackt zu kaufen. Er ist als »masa harina« im Handel. (Bei uns kann man Polenta(fein) oder Kukuruz (grob) verwenden.)
Der Reibestein, auf dem die mühsame Arbeit begann, heißt »metate«, in Nahuatl, der Aztekensprache, wird er »metlatl« genannt. Der zweite walzenartige Stein, den man in der Hand hält, der »mano«, – in Nahuatl: »metlapilli« – reibt das Maiskorn zu Mehl. Meistens hatte der metlatl drei verschiedene Reibflächen, grob bis fein, sodass der Mais zuerst auf der groben, dann auf der mittleren und am Schluss auf der feinen Reibfläche gerieben und gequetscht wurde, bis eine homogene Masse entstand.

Dieses fein geriebene Mehl aus gekochtem Mais war also das Ausgangsprodukt für die vielen Arten von Tortillas, die in der Aztekenküche das tägliche Brot waren. (Das Wort Tortilla ist nicht korrekt, die Spanier haben diese Bezeichnung mit ins Land gebracht, sie bedeutet Eierkuchen.)
Fray Bernardino de Sahagún beschreibt in seinen Betrachtungen auch die Kunst des Tortillabackens: »Eine rechtschaffene Köchin muss im Folgenden wohl Bescheid wissen: Wie man Gutes zu essen bereitet, Tortillas backt, einen guten Teig macht ... sie muss wissen, wie sie ihre Tortilla flach und rund und schön geformt bekommt oder wie sie sie lang oder dünn oder mit Falten macht ...«
Es folgen Beschreibungen von Tortillas aus grobem Mehl, weiß, groß und dick, und von dünnen aus fein gemahlenem Mehl von weißem oder blauem Mais.
Die Azteken bezeichneten ihre Tortillas, »welche die Herren aßen« mit »tatonqui« und »tlaxcalli«. Die heißen gefalteten Fladen, nannten sie »tlaxcualpacholli«. Sie bereiteten dieselben in einem Topf zu, der mit einem Tuch bedeckt war.

DIE KÜCHE DER AZTEKEN

Mais- und Weizenmehl-Tortillas
Gefüllte Tortillas
Gefüllte und überbackene Tortillas
Bohnen-Avocadocreme
Pasilla-Sauce mit Tatar
Avocadosuppe
Pikante Maissuppe
Fischsuppe, süß-sauer-scharf
Gefüllte Avocados
Avocado-Mus
Roter Chili-Mole
Mole mit Oliven
Mole aus dem Hochtal Anáhuac
Grüne Pipiánsauce
Eintopf des Kaisers Moctezuma II.
Bohnenbrei
Bohnen aus dem Tontopf
Bohnen mit Maiskölbchen
Maiskölbchen, gebacken
Aztekische Klöße
Füllung für Tamales
Garnelentorte
Fischfilets mit Kichererbsen
Fisch aus dem Backofen
Fischwürfel mit Garnelen
Huhn mit roter Pipian-Sauce
Putenteile mit Mole
Fasan im Römertopf
Schweinelendchen in Pulque
Wildschwein-Eintopf
Camotli-Süßkartoffeln mit Guaven
Camotli-Süßkartoffeln mit Ananas
Kokospudding
Kakao mit Honig
Kakao mit Zimt
Aztekischer Kakao
Alt-Aztekisches Kakaorezept
Mexikanisches Kakaogetränk – heiß

Mais- und Weizenmehl-Tortillas
(Grundrezept) Tortillas

Original werden Tortillas nur aus Maismehl, wie auf Seite 55 beschrieben, hergestellt. Jedoch entspricht das Maismehl, das wir heute bei uns kaufen können, nicht dem nixtamal der Azteken. Unser Maismehl hat keine so gute Bindung, und so kommen wir nicht umhin, zusätzlich Weizenmehl und/oder Eier mit zu verwenden – Nahrungsmittel, die erst die Spanier bzw. die Franziskanermönche nach 1521 ins Land der Azteken brachten. Der europäische Mais, verändert durch unserem Klima angepasste Züchtungen, erfordert eine andere Verarbeitung. Möchte man dennoch original Mais-Tortillas selbst zubereiten, dann sei die Verwendung von »masa harina« (erhältlich in Mexiko-Geschäften) empfohlen.

Ca. 18-20 Stück bei Ø 17 cm

Vorbereitungszeit: 10 Minuten
Zubereitungszeit: 30 Minuten

Zutaten
1 Tasse Maismehl
2 Tassen Weizenmehl
1/2 TL Salz
1-2 Tassen Wasser

Zubereitung
Maismehl, Weizenmehl und Salz in einer Schüssel gut vermischen. Langsam Wasser dazulaufen lassen und einen glatten, gut knetbaren Teig erarbeiten. Er darf nicht mehr an den Händen kleben! Teig zu einem Ball formen und mit einem Tuch bedeckt etwa 30 Minuten ruhen lassen. Kurz vor dem Servieren 1-2 Esslöffel Teig abnehmen, zu einem hauchdünnen Fladen formen. Ungeübten sei das Nudelholz empfohlen! Der Fladen soll die Größe der zu verwendenden Pfanne haben. Die Tortillas ohne Fett auf jeder Seite 1-2 Minuten backen. Werden alle Tortillas auf einmal backbereit geformt, so legt man zwischen jede Tortilla ein Stück Backpapier, damit sie nicht zusammenkleben. Auf einen Teller schichten, mit einem Tuch bedecken und im vorgewärmten Ofen warm halten, bis alle Tortillas fertig gebacken sind. Frisch und heiß servieren!
Variante: Schweineschmalz oder Margarine mit in den Teig geben.

Gefüllte Tortillas
Tacos

Dieses Rezept geht ganz schnell, wenn man die Tortillas fertig kauft – oder einfach mehr auf Vorrat bäckt und einfriert.

Ca. 18-20 Stück

Vorbereitungszeit: 15 Minuten (bei fertig gekauften Tortillas)
Zubereitungszeit: 20 Minuten

Zutaten
Fertig gekaufte Tortillas oder selbst hergestellt
Öl zum Braten
Füllung:
1 Gemüsezwiebel, gehackt
1-2 chiles serranos (je nach Geschmack, siehe Seite 66), entkernt, fein gehackt
etwa 10-12 Kürbis- oder Zucchiniblüten, geputzt und grob gehackt
2-3 EL Maiskeimöl
Salz

Zubereitung
Zwiebeln mit Chilischoten und Kürbisblüten in Öl anbraten, mit wenig Wasser angießen und kurz aufkochen lassen, zart salzen. Tortillas in Öl anbraten, jeweils mit etwas Füllmasse belegen und überklappen.
Heiß servieren!

Gefüllte und überbackene Tortillas
Enchiladas

Das Wort »enchilar« bedeutet: mit Chilisauce überziehen. Das heißt, die Tortillas werden in eine scharfe Chilisauce getaucht, dann gefüllt und zuletzt mit der restlichen Sauce überzogen.

Für 6 Portionen

Vorbereitungszeit: Chilischoten etwa 30 Minuten, andere Zutaten 15 Minuten
Zubereitungszeit: 20 Minuten

Zutaten

18 Maismehltortillas, fertig gekauft
3 Chilischoten pasilla und 6 guajillo (s. S. 66), geröstet, entkernt und in warmem Wasser eingeweicht
500 g reife Tomaten, unter dem Grill oder in einer Eisenpfanne geröstet, die Haut abgezogen
1 kleine Zwiebel, geröstet, gehäutet
2 Knoblauchzehen, geröstet, gehäutet
gut 3 Tassen Hühnerbouillon
nach Belieben etwas frischer Oregano
2 EL Maiskeimöl, Salz

Für die Füllung:

3 Hühnerbrustfilets(ca. 375 g), gegart, in Streifen geschnitten
125 g frischer Ziegen- oder Schafskäse, zerkrümelt
1 Zwiebel, in feine Scheiben geschnitten
nach Belieben: 1 Tasse dicke saure Sahne

Zubereitung

Tortillas nebeneinander auf eine Arbeitsfläche legen. Eingeweichte Chilischoten gut abtropfen lassen; zusammen mit den gehäuteten Tomaten, Zwiebel und Knoblauchzehen unter Zugabe der Bouillon im Mixer zu einer dicken Sauce pürieren. Nach Belieben mit etwas Oregano würzen.
In einer schweren Pfanne das Öl erhitzen, das Püree hineingeben und gut durchkochen. Die Hitzezufuhr vorsichtig dosieren, damit nichts anbrennt. Mit Salz abschmecken.
Jeweils eine Tortilla in die Sauce tauchen, mit Hühnerfleisch füllen, aufrollen und auf eine Servierplatte legen. Mit der restlichen Sauce überziehen, mit zerkrümeltem Käse bestreuen und mit den Zwiebelscheiben belegen.
Oder die gefüllten, aufgerollten Tortillas in eine ofenfeste Form legen, mit der dicken Sahne bestreichen und mit dem zerkrümelten Käse überstreuen. Im Backofen kurz gratinieren.

Tipp: Eine aparte Sauce sieht grüne Chillies, Knoblauch, Petersilie, Korianderkraut und »tomatillos« vor. Die tomatillos sind uns besser als Kapstachelbeeren oder Physalis bekannt. Sie wurden bereits im alten Mexiko gerne in der Küche verwendet.

Bild oben:
Die Indiofrauen auf dem Lande reiben wie eh und je ihren Mais auf diesem Stein zu Mehl für die tägliche Tortilla (Metate im Besitz der Autorin).

Bohnen-Avocadocreme
Crema de frijoles y aguacate

zum Füllen für Tortillas, Tacos
und Brötchen

Obwohl es etliche Hundert verschiedene Avocadosorten gibt, werden weltweit nur drei Hauptsorten in größerem Umfang gehandelt. Der mexikanische Typ ist kälteverträglich, kleinfrüchtig mit dünner, glatter Schale und hat einen hohen Ölgehalt. Die Sorte »Hass«, mit ledriger, dunkler Haut, stammt ursprünglich auch aus Mexiko. Sie wird heute vorzugsweise in Israel angebaut.

Für 5-6 Tortillas, Ø ca. 17 cm

Vorbereitungszeit: 15 Minuten (ohne Einweichzeit der Bohnen)
Zubereitungszeit: 20 Minuten

Zutaten
1 1/2 Tassen weiße, zarte Bohnenkerne, ca. 6 Stunden eingeweicht
2 weiche Avocados, geschält, entsteint, zerdrückt
1-2 TL Limettensaft
1 TL Salz
1 Messerspitze Korianderpulver
oder 1 TL Korianderkraut, fein gehackt
3 EL Kürbiskerne, gemahlen

Zubereitung
Die Bohnenkerne pürieren. Zerdrückte Avocados sofort mit Limettensaft beträufeln, damit sie nicht braun werden. Alle anderen Zutaten zugeben, gut vermischen und als Füllung verwenden.
Tipp: Zeitersparnis bringt der Dampfdrucktopf. In ihm können die Bohnenkerne in 20 Minuten gegart und dann abgekühlt zu Püree zerkleinert werden.

Pasilla-Sauce mit Tatar
Salsa de chile pasilla con tártaro

Dies ist ein »modernes« Rezept, denn die Azteken kannten weder Tatar noch Milchprodukte. Auch etliche Kräuter kamen erst mit den Conquistadores ins Land, sie gehören heute zum alltäglichen Speiseplan.

Füllung für 12 Enchiladas

Vorbereitungszeit: 15 Minuten
Zubereitungszeit: 45 Minuten

Zutaten
10 feste Tomaten, gehäutet, entkernt, nur das Fruchtfleisch grob zerkleinert
1 rote Paprikaschote, entkernt, geschnitten
2 Knoblauchzehen, halbiert
1 EL Maiskeimöl
1 kleine Chili (chile pasilla negro, siehe Seite 66), entkernt, fein geschnitten
200 g frisch durchgedrehtes Tatar vom Rind
1 TL Korianderpulver, evtl. etwas Salbeipulver
1/2 TL Salz
1/2 Becher Schlagsahne
1 Tasse Käse, in Mexiko Manchego, ersatzweise Emmentaler, gerieben

Zubereitung
Tomatenfleisch, Paprikastücke und Knoblauch etwa 6 Minuten köcheln lassen, dann pürieren. In einer tiefen Pfanne das Öl erhitzen, Chili kurz anbraten, dann das Tatar zugeben und rundum anbraten. Püree zugeben und alles etwa 15 Minuten lang zu einer dicken Sauce einkochen. Mit den Gewürzen abschmecken.
Tortillas mit der Sauce füllen, aufrollen und in eine Auflaufform schichten. Mit Sahne übergießen und mit Käse überstreuen. Im auf 200°.C vorgeheizten Backofen etwa 35 Minuten überbacken, bis der Käse bräunt.

Bohnen-Avocadocreme
Crema de frijoles y aguacate

Avocadosuppe
Crema de aguacate

Avocadosuppe
Crema de aguacate

An heißen Tagen kann diese Suppe auch kalt serviert werden, die Hühnerbrühe dann entfetten. Serviervorschlag: Suppenschale in ein Eisbett stellen, mit fein gehackter Zwiebel und Korianderblättchen bestreuen.

Für 4-5 Portionen

Vorbereitungszeit: 15 Minuten
Zubereitungszeit: 15 Minuten

Zutaten

4 Tassen Geflügelbrühe
Salz und Pfeffer nach Geschmack
1/2 Tasse fein gemahlene Sonnenblumenkerne (Mixer)
1/2 Tasse süße Sahne
3 reife, weiche Avocados, geschält, halbiert, entsteint
Zur Dekoration: Sonnenblumenkerne, in wenig Fett angeröstet

Zubereitung

Die Geflügelbrühe bis zum Siedepunkt erhitzen. Vom Herd nehmen. Mit Salz und Pfeffer abschmecken. Die Sonnenblumenkerne und die süße Sahne unterrühren. Avocados pürieren oder eine Avocado in mittelgroße Würfel schneiden, zwei Avocados mit der Gabel zerdrücken oder mit dem Pürierstab zerkleinern und beides in die Suppe rühren. Nicht mehr kochen! Mit gerösteten Sonnenblumenkernen bestreuen.
Tipp: Die Suppe schmeckt köstlich mit einem Spritzer Limettensaft!

Pikante Maissuppe
Sopa de maíz

In Mexiko wird zu dieser Suppe Chihuahua- oder Mennonitenkäse (siehe Glossar Seite 166) verwendet. In Europa können wir mittelalten Gouda nehmen.

Für 5-6 Bouillontassen

Vorbereitungszeit: 15 Minuten
Zubereitungszeit: 20 Minuten

Zutaten

3 EL Maiskeimöl
1 große Zwiebel, sehr fein geschnitten
3 mittelgroße Tomaten, enthäutet, klein geschnitten
1 kleine grüne Chili, entkernt, sehr fein geschnitten
2 Tassen Mais (Dose mit 300 g) oder frischer Mais, gegart
300 g Sauerampfer oder wahlweise Spinat
2 Tassen Hühnerbrühe
1/2 Bund Korianderkraut, gehackt
Salz und Pfeffer nach Geschmack
Pro Tasse 1/2 Scheibe Goudakäse

Zubereitung

Im Öl die Zwiebel hellbraun dünsten, nach und nach das übrige Gemüse dazugeben und weiter dünsten. Mit der Hühnerbrühe auffüllen und mit den Gewürzen abschmecken. Nochmals aufkochen lassen!
In jede Bouillontasse 1/2 Scheibe Käse legen und die heiße Suppe darübergeben.

Fischsuppe, süß-sauer-scharf
Sopa de pescado picante

Zu dieser Suppe eignen sich die sogenannten »Kochfische« mit festem weißen Fleisch sehr gut. Ich empfehle frisches Fischfilet nach Tagesangebot!

Für 6-7 Portionen

Vorbereitungszeit: 20 Minuten
Zubereitungszeit: 30 Minuten

Zutaten
750 g Dorsch am Stück (oder Filet)
750 g Goldbarsch oder Schellfisch u. a. am Stück (oder Filet)
6 Tassen Wasser, 1 TL Meersalz

1/2 Tasse Maiskeimöl
3 Knoblauchzehen, fein gehackt
3 Frühlings-/Lauchzwiebeln, in Ringe geschnitten
3 mittelgroße Karotten, in Würfel geschnitten
2 kleine Zucchini, in feine Streifen geschnitten
2 mittelgroße Fleischtomaten, gehäutet, grob gehackt
3 Chilischoten (Sorte nach Belieben), entkernt, sehr fein gehackt
1/4 TL Oregano, gerebelt
1/4 TL Korianderpulver oder frische Korianderblättchen
1 Tasse eingelegte Senffrüchte, püriert, original: Salsa aus grünen Chilischoten und gelber Mombinpflaume
Salz nach Geschmack

Zubereitung
Wasser mit Salz zum Kochen bringen, die Fischstücke (oder Filets) einlegen und 12–15 Minuten ziehen – nicht kochen – lassen. Fisch herausnehmen und auf einer Platte abgedeckt warm halten.
Öl in einem Topf erhitzen, das Gemüse und die Gewürze zugeben und etwa 15 Minuten köcheln lassen. Zuletzt das Püree oder die Salsa zugeben und mit der Kochbrühe auffüllen, nach Geschmack nachwürzen. Fisch enthäuten und entgräten, in Stückchen teilen, in die Suppe geben.
Tipp: Die Fischsuppe mit getoastetem Brot, Brötchen oder Tortilla servieren.

Gefüllte Avocados
Aguacates rellenos

Die Heimat der Avocado ist das tropische und subtropische Amerika; dort wird sie schon seit 1000 Jahren als Frucht genutzt. Die Avocado enthält neben der Olive das meiste Fett und ist reich an Mineralstoffen und Vitaminen.

1/2 Avocado pro Portion als Vorspeise

Vorbereitungszeit: 20 Minuten
Zubereitungszeit: 20 Minuten

Zutaten

2 reife Avocados, längs halbiert, Kern entfernt, mit etwas Limetten- oder Zitronensaft beträufelt

Für die Füllung

200 g weißfleischiges Fischfilet, knapp gegart
1 Tasse grüne feine Erbsen (TK oder aus der Dose)
1 Tasse Staudensellerie, fein geschnitten
1 mittelgroße Zwiebel, fein gehackt
1 TL grüne Pfefferkörner, im Mörser fein zerrieben
Saft von 1/2 Limette oder Zitrone
Salz nach Geschmack
einige Blättchen frische Minze oder Korianderkraut

Zubereitung

Avocadofleisch aus den Schalen löffeln, einen breiten Rand stehen lassen. Das Fleisch kleinwürfelig schneiden, mit dem in Blättchen zerteilten Fisch und allen anderen Zutaten vermischen. Die Füllung etwa 5 Minuten durchziehen lassen, in die Avocadohälften füllen und auf Salatblättern servieren. Soll es einmal schnell gehen, kann Thunfisch aus der Dose verwendet werden – Öl abtropfen lassen.

Avocado-Mus
Guacamole

Die Guacamole kennt viele Variationsmöglichkeiten: z. B. das Avocadomus nur mit feinst gehackten weißen Zwiebeln, chile chipotle (hellbraun geräucherter chile jalapeño, sehr scharf!), fein gehackt, Kräutern und Gewürzen vermischen. Mit Tomatenwürfeln garnieren. Wer es nicht so scharf mag: anstatt Chillies feinst gehackte grüne Paprikaschoten unterheben.

Für 6 Portionen

Vorbereitungszeit: 15 Minuten
Zubereitungszeit: 30 Minuten

Zutaten

1 Fleischtomate, gehäutet, entkernt, grob zerkleinert
1 kleine Zwiebel, gehackt
2 Knoblauchzehen, gehackt
1 grüne Chilischote, entkernt, gehackt (chile jalapeño, s. S. 66)
wenig Wasser
3-4 weiche Avocados
Saft von 1 Limette oder Zitrone
1/2 Bund frisches Korianderkraut, gehackt
Salz und Pfeffer nach Geschmack
evtl. 2-3 EL Sahne

Zubereitung

Tomate mit Zwiebel, Knoblauch und Chili in wenig Wasser etwa 5 Minuten köcheln, abkühlen lassen, dann pürieren.
Avocados halbieren, entsteinen, die Schale abziehen und die Gemüsefrüchte mit einer Gabel zerdrücken. Sofort mit Limetten- oder Zitronensaft beträufeln, damit sie nicht braun werden. Mit dem erkalteten Püree, dem Koriander und den Gewürzen vermischen, abschmecken und evtl. mit Sahne abrunden.

Eine kleine **Chili-Kunde**

Die Welt der Chilischoten, lateinisch **Capsicum frutescens**, ist vielfältig und bunt. In Mexiko gehören sie zu den Grundnahrungsmitteln. Auf den Märkten des Landes kann man sehen, welch unterschiedliche Sorten – die zudem in fast jedem Landesteil anders bezeichnet werden – angeboten werden.

Chile de árbol: Heißt übersetzt »Baum-Chili«. Eine große Frucht, leuchtend rot, dünn, weich und mit zarter Haut. Er wird gern süß-sauer eingelegt und für Saucen verwendet. Gibt es auch getrocknet.

Chile cascabel: Die Chilischote ist klein, rund und blassgelb bis rot gefärbt. Im Inneren klappern Kerne wie bei einer Kinderrassel. Schmeckt leicht nussig.

Chile chipotle oder Chile chipocle: Das ist der **chile jalapeño** (s. u.), in Streifen geschnitten, getrocknet und dann geräuchert. Er ist bräunlich, mit runzliger Haut, schmeckt scharf.

Grüner Chili: Er dient nicht nur als Gewürz, sondern wird in verschiedenen Zubereitungen auch gern als Gemüse gegessen.

Chile guajillo: Ein langer, gepunkteter Chili mit rotbrauner Haut. Er wird als Chili-Gericht zubereitet und in Saucen gekocht. Vor Verwendung längere Zeit einweichen.

Chile guero (auch güero): Gelb-grün, wird frisch und eingelegt gebraucht; mittelscharf; geeignet für Mole.

Chile habanero: Sehr scharfe kleine lanzettförmige Schote; wird gerne in Yucatán verwendet.

Chile jalapeño: Dieser Chili ist klein, leuchtend grün, auch gelb und rötlich, mit weicher Oberfläche. Er hat einen frischen pikanten Geschmack. **Jalapeño** wird auf verschiedene Arten zubereitet: frisch verarbeitet, in Gewürze eingelegt oder in Streifen geschnitten und mit Gewürzen gekocht.

Chile pasilla: Diese Frucht ist schlank mit abgestumpftem Ende. Ihre Haut ist runzelig und von schwärzlicher Farbe, wenn sie getrocknet ist. Frisch ist sie schwärzlich grün und in ihrem Heimatland Mexiko als **chilaca** oder **chile negro** bekannt. Die Kerne dieses Chili sind teuflisch scharf, die Frucht selbst ist unterschiedlich scharf; sie schmeckt leicht rauchig. Er wird geröstet und gemahlen für roh zubereitete Saucen oder eingeweicht und püriert für gekochte Saucen (u. a. Mole) verwendet.

Chile poblano: Das sind grüne, große mittelscharfe Schoten. Man kann sie gut einfrieren, allerdings nur für kurze Zeit, sonst werden sie wässrig und verlieren den Geschmack. Sie eignen sich zum Füllen und können eventuell durch grüne Paprikaschoten ersetzt werden. Getrocknet heißt er **Chile ancho**.

Chile piquin (auch tepin und chile pájaro): Getrocknet sehr scharf; heißt auch Vogel- oder Vogelaugen-Chili.

Chile serrano: Gibt es in unterschiedlichen Längen mit spitzem oder stumpfem Ende; viele Samen. Frisch das ganze Jahr über zu kaufen.

Getrockneter Chili: Das sind meist sehr kleine, sehr scharfe, rote Schoten. Man reibt diesen getrockneten Chili am besten im Mörser.

Eine liebenswerte alte Indiofrau erzählte mir diese Anekdote zum Mole:

Um 1520 waren die Spanier in die schöne alte Stadt Tenochtitlán eingefallen und hatten sie erobert. Natürlich hatte man Hunger und die Soldaten des Hernán Cortés befahlen Indiofrauen, ein Mahl zuzubereiten. Verständlicherweise waren die Conquistadores unbeliebt und man riet der jungen Indiofrau: »Schütte alles zusammen, was du in der Küche hast!« So getan, entstand aus vielerlei gegensätzlichen Geschmacksrichtungen von Ingredenzien der unnachahmliche Geschmack des Mole, der sich bis heute in vielen Variationen erhalten hat und zur mexikanischen Küche gehört.

Für den traditionellen Mole werden vorzugsweise vier verschiedene getrocknete Chilischoten verwendet:

Chile ancho – die Schote ist ca. 4,5 cm breit, ein reifer, getrockneter **chile poblano**

Chile mulato – getrocknet, fast schwarz, Form rund-oval; auch eine Sorte des **chile poblano**

Chile negro – ein getrockneter **chile pasilla**

Chile chipotle (s. o.) – es gibt ihn auch sauer eingelegt.

Da es schwer ist, alle diese Chilischoten bei uns zu bekommen, haben wir die Rezepte für die verschiedenen Mole vereinfacht.

Roter Chili-Mole
Mole de olla colorado

Das Wort Mole ist die Ableitung des Nahuatl-Wortes »mulli« für Sauce. Diese Sauce kann außer den unten angegebenen Zutaten noch »tomatillos« enthalten. Der klassische Mole enthält immer bittere oder halbbittere Kochschokolade.

Beigabe zu Fleisch: 5 Portionen

Vorbereitungszeit: 15 Minuten
Zubereitungszeit: 25 Minuten

Zutaten

3 mittelscharfe rote Chillies, fein geschnitten
2 mittelgroße Tomaten, grob zerkleinert
1 Zwiebel, geviertelt
2 Knoblauchzehen, gehackt
1 reife Kochbanane, geschält, in Stücke geschnitten
1/2 Tasse angeröstete Mandeln
1/2 Tasse angeröstete Erdnusskerne
evtl. 3 EL geröstete Sesamsamen
je 1/2 TL Zimtpulver und Nelkenpulver
2 EL Schmalz
2 Tassen Fleischbrühe
4 EL bittere Kochschokolade, geraspelt

Zubereitung

Alle Zutaten einschließlich der Gewürze mit einem Mixstab zu einem glatten Brei pürieren.
Schmalz in einem Topf erhitzen, das Püree zugeben und kurz anbraten. Die Fleischbrühe zugießen, gut umrühren und etwa 20 Minuten sanft köcheln.
Die Sauce soll eine cremige Konsistenz haben. Von der Kochstelle nehmen, die Schokoladenraspel unterziehen und sehr gut durchrühren.

Mole mit Oliven
Mole con olivas

Dieser Mole zeigt unverkennbar spanischen Einfluss: Der Olivenanbau war vor der Conquista unbekannt; auch Mandeln und Zimt wurden erst durch die Spanier ins Land gebracht.

Für 5 Tassen

Vorbereitungszeit: 15 Minuten
Zubereitungszeit: 20 Minuten

Zutaten

1 große rote Chili mit Kernen, gehackt
3 Knoblauchzehen, fein gehackt
10 grüne Oliven, entkernt
1/2 Tasse Mandelblättchen
1/2 TL Kreuzkümmelpulver
1/2 TL Salz
1/2 TL Zimtpulver
1 1/2 Scheiben Weißbrot oder die entsprechende Menge Tortillas
2 EL Maiskeimöl – besser schmeckt es mit Schweineschmalz
2 Tassen Hühnerbrühe
4 EL halbbittere Kochschokolade, geraspelt

Zubereitung

Alle Zutaten – außer Öl, Brühe und Schokolade – im Mixer pürieren.
In einem Topf das Öl erhitzen, das Püree langsam zugeben. Hühnerbrühe in kleinen Portionen zugießen, umrühren und den Mole ohne Deckel einkochen lassen. Die eingedickte Sauce von der Kochstelle nehmen und die Schokoladenraspel unterziehen.

Mole aus dem Hochtal Anáhuac
Mole de valle Anáhuac

Das Trocknen von Weintrauben an der Sonne wurde von den Ägyptern »erfunden«. Über den Mittelmeerraum kam die Methode nach Spanien, später nach Kalifornien. Der Anis stammt aus dem östlichen Mittelmeerraum; er wurde auch in Spanien heimisch, wo er heute in großen Plantagen angebaut wird.

Vorbereitungszeit: 15 Minuten
Zubereitungszeit: 20 Minuten

Zutaten
1 kleine getrocknete rote Chili
2 grüne Chillies, eingelegt
1 mittelgroße Zwiebel, fein gehackt
3 große Fleischtomaten, gehäutet, geviertelt
3 Knoblauchzehen, grob zerschnitten
1/2 Tasse verlesene Rosinen
je 2 EL Sesamsamen und Kürbiskerne
1/2 TL Anissamen
6 grüne Pfefferkörner, im Mörser zerstoßen
1/2 TL Nelkenpulver
1 Scheibe Weißbrot, grob zerkrümelt
2 EL Butter
2 Tassen Hühnerbrühe
4 EL halbbittere Kochschokolade, geraspelt

Zubereitung
Zuerst die getrocknete Chilischote gründlich waschen, Schote aufschneiden, Stiel und Kerne entfernen. Mit heißem Wasser bedeckt etwa 20 Minuten einweichen, das Einweichwasser aufheben und den Mole eventuell damit nachwürzen. Nun alle Zutaten – inklusive Weißbrot – im Mixer pürieren. Butter in einem Topf zerlassen, das Püree zugeben, langsam die Hühnerbrühe angießen. Den Mole 15-20 Minuten offen kochen, gelegentlich umrühren. Die Creme von der Kochstelle nehmen und die Schokoladenraspel unterziehen.

Grüne Pipiánsauce
Pipián verde

Diese Sauce wurde schon in vorspanischer Zeit zubereitet. Das Rezept hat sich im Laufe der Zeit verändert, so kam das Fett erst später dazu. Pipiánsauce wird im Gegensatz zum Mole ohne Schokolade zubereitet.

Vorbereitungszeit: 10 Minuten
Zubereitungszeit: 50 Minuten

Zutaten
Schmalz oder Maiskeimöl zum Braten
125 g ungesalzene Erdnusskerne
2 EL Sesamsamen
250 g ungesalzene Kürbiskerne
2 mittelgroße Zwiebeln, 1/2 in Scheiben, der Rest halbiert
4 Knoblauchzehen, halbiert
6 Tomatillos (Physalis), die Außenhülle entfernt (möglichst grün)
4 Chilischoten (chile serrano, s. S. 66)
Salatblätter (z. B. Romana)
1/2 Bund Korianderkraut oder hierba santa, siehe Glossar; etwas Bouillon

Zubereitung
Nur soviel Fett in einer tiefen Pfanne erhitzen, dass der Boden davon bedeckt ist. Zuerst die Erdnusskerne und die Sesamsamen im Fett braten, dann die Kürbiskerne; auf Küchenkrepp abtropfen lassen. Dann die halben Zwiebelscheiben anbraten. Etwa 1 Tasse Wasser in einem Topf zum Kochen bringen, Zwiebelhälften, Knoblauch, Tomatillos und Chillies zugeben und etwa 30 Minuten sanft köcheln. Das Kochwasser abgießen. Die Gemüse mit den angerösteten Zutaten, den Salatblättern und Kräutern pürieren. Noch etwas Fett in einen Topf geben, das Püree leicht anbraten und mit wenig Bouillon zur gewünschten Konsistenz verdünnen.
Tipp: Passt hervorragend zu Huhn und Schweinefleisch.

Mole aus dem Hochtal Anáhuac
Mole de valle Anáhuac

Der Bericht über ein Diner des Herrschers Moctezuma II.

In »Historia Verdadera de la Conquista de la Nueva España« berichtet uns Bernal Diaz, ein Soldat des Hérnan Cortés, wie der Herrscher seine Mahlzeiten einnahm: »Für den großen Kaiser wurden mehr als 300 Gerichte täglich zubereitet und man sagt, es seien noch mehr als 1000 Gerichte für seine Wächter und Bediensteten dazugekommen.

Man berichtet auch, dass ihm Fleisch von Kindern gekocht wurde. (Die Götter der Azteken waren blutdürstig und verlangten Menschenopfer. So war es für das Volk der Azteken nicht ungewöhnlich, die auf Kriegszügen gefangen genommenen Männer, Frauen und Kinder zu opfern und – ihren Riten gemäß – zu verspeisen.) Aber der Kaiser hatte so viele verschiedene Fleischsorten, Gemüse und Früchte in seinem Land, dass nicht angenommen werden muss, dass Menschenfleisch zu seiner alltäglichen Kost gehörte... Jeden Tag wurden in den Küchen seines Palastes frische Gerichte für ihn zubereitet: Hähnchen, Truthahn, Taube, Rebhuhn, Wachtel, Reh, Wildschwein, Sumpfvögel, Fasan, Hase, Kaninchen und viele weitere Vogel- und Fischarten. Die Fische aus dem Meer brachte man im Staffellauf in die Küchen des Kaisers nach Tenochtitlán.«

Zu dem großen Angebot an Tieren hatte man in diesem fruchtbaren Land eine Vielzahl an Gemüsen und Früchten zur Verfügung. Pater Bernardino de Sahagún berichtet: »Es gab so viele Dinge zu essen, dass man sie nicht alle aufzählen kann.«

Wollen wir jetzt beginnen, das Mahl zu servieren! War das Wetter kalt, wurde ein großes Feuer angezündet, und zwar mit der Rinde bestimmter Bäume, die keinen Rauch entwickelte. Diese Rinde wurde dicht zusammengerollt; sie duftete angenehm. Vor ein »Kohlebecken« wurde eine Art Gitter gestellt, das aus Gold gearbeitet und mit kunstvollen Figuren und Idolen verziert war. Der Kaiser saß auf einem niedrigen Sitz, der üppig gearbeitet war, weich und bequem. Der Tisch war ebenfalls niedrig, zum Sitz passend. Vor ihm wurden Tischdecken ausgebreitet aus feiner, weißer Baumwolle, mit Servietten dazu aus dem gleichen Stoff.

Vier wunderschöne Frauen wuschen seine Hände in Wasserschalen, die »xicalli« genannt wurden. Das Wasser lief dann in Schalen, die

Die Herrscherkrone des Aztekenreiches. Moctezuma überreichte sie den Spaniern und besiegelte damit symbolisch die Übergabe seines Reiches.

man darunter aufgestellt hatte. Frische Handtücher wurden ihm gereicht. Dann kamen zwei andere Frauen, die ihm Tortillas – tlaxcalli – brachten. Wenn das Mahl begann, stellte man vor seinen Tisch eine Art vergoldete Tür, damit niemand ihn essen sähe. Die vier Frauen, die ihn zuvor umsorgt hatten, zogen sich zurück und vier alte, ehrwürdige Herren stellten sich neben ihn. Der Kaiser sprach mit ihnen und gab jedem einen Teller mit den Gerichten, die sie am liebsten aßen. Die Mahlzeiten wurden auf Tonwaren aus Cholula serviert. (Eine Stadt, die heute ca. 15000 Einwohner hat und im Staate Puebla liegt. 800 n. Chr. wurde sie von den Azteken erobert; daraufhin entwickelte sich ein berühmtes Töpferzentrum. Die Talavera-Töpferware war dunkel gebrannt und bunt bemalt.)
Wir kommen nun wieder zurück zum Diner des Kaisers. Der Gefolgschaft, die sich während des Diners im Nebenraum aufhielt, war es nicht erlaubt zu lärmen oder laut zu sprechen. Es hatte Ruhe zu herrschen, wenn der Kaiser speiste.
Man brachte ihm vielerlei Früchte, die im Lande wuchsen, aber er aß nur wenig davon. Danach wurden ihm Tassen aus purem Gold gebracht, die – als krönender Abschluss des Mahles – mit dem höchsten aller Getränke, dem Kakao, gefüllt waren.
Es wird berichtet, dass man ihm mehr als 50 dicke, große Krüge brachte, gefüllt mit wundervoll duftendem, schäumendem Kakao. Eine schöne Frau servierte ihm mit großem Respekt dieses köstliche Getränk.
Nach den Mahlzeiten kamen missgestaltete und zwergenhafte Indianer. Es waren Clowns und Narren. Sie erzählten dem Herrscher Witze und Geschichten und tanzten dabei und Moctezuma ergötzte sich an ihnen.
Die gleichen vier Frauen, die das Tischtuch vor ihm ausgebreitet hatten, kamen zurück, um ihm wieder die Hände zu waschen; sie taten es mit Demut. Die vier weisen Männer, die bei dem Diner zugegen gewesen waren, verließen anschließend würdevoll den Raum, damit der Kaiser ruhen konnte.
Wenn der große Moctezuma gegessen hatte, seine Leibwächter und die übrigen Diener des Palastes gesättigt waren, wurden die Reste des Mahls den Menschen in der Stadt gebracht.

Eintopf des Kaisers Moctezuma II.

Puchero a la Moctezuma

Eintopf des Kaisers Moctezuma II.
Puchero a la Moctezuma

Über dieses Gericht berichtete bereits Bernal Diaz de Castillo; Dr. Hutardo aus Mexico-City widmete ihm eine Abhandlung. In der Originalversion wurde der Eintopf noch mit verschiedenen tropischen Pflanzen gewürzt, die bei uns leider nicht erhältlich sind.

Für 5-6 Portionen

Vorbereitungszeit: 20 Minuten
Zubereitungszeit: 90 Minuten

Zutaten
1 kg magere Rinderbrust
4 Tassen Wasser, 1 TL Salz
4 EL Maiskeimöl
2-3 Chilischoten, entkernt, fein geschnitten; Sorte nach Belieben
2 Tassen Kürbisfleisch, gewürfelt, falls möglich: Muskatkürbis
2 Tassen Maiskörner, gekocht
3 Tassen Stangenbohnen, in feine Stücke geschnitten
4 Knoblauchzehen, fein gehackt
original: 40 g grünes Tomatenpüree – ersatzweise rotes Püree von 4 Tomaten
2 Stängel frischer Koriander, fein geschnitten
Salz nach Geschmack

Zubereitung
Das Fleisch mit Salz etwa 80 Minuten im Wasser garen. In einem anderen Topf das Öl erhitzen, Chillies anbraten, Kürbiswürfel, Mais, Bohnen und Knoblauch zugeben. Unter Rühren gut anbraten, mit der Kochbouillon auffüllen, Tomatenpüree und Gewürze zugeben.
20 Minuten garen; Fleisch würfeln und zugeben. Möchte man den Eintopf gebunden haben, in Stücke gebrochenes Weißbrot oder Tortillas zugeben.

Bohnenbrei
Frijoles pastosos

Die Indios essen auch heute noch zu fast jedem Gericht Bohnenbrei. Die einfache Version ist billig und sättigend. Bohnenbrei wird mancherorts schon morgens zum Frühstück gegessen.

Für 3 Tassen Bohnenbrei

Vorbereitungszeit: über Nacht
Zubereitungszeit: ca. 2 Stunden, im Dampfdrucktopf ca. 40 Minuten

Zutaten
1 Tasse braune Bohnen oder getrocknete schwarze Bohnen
2-3 Tassen Wasser
1/2 TL Salz

Zubereitung
Die über Nacht eingeweichten Bohnen im Einweichwasser garen. Die Bohnen sollen gut weich sein; dann erst salzen. Zu einem glatten Brei pürieren, evtl. noch etwas heißes Wasser zugießen.
Dieser neutral schmeckende Bohnenbrei wird gern zu scharfen Gerichten gereicht.

Bohnen aus dem Tontopf
Frijoles de la olla

Die olla ist der traditionelle Tontopf, der selbst in modernen mexikanischen Küchen noch zu finden ist. In ihm garen die Bohnen etwa 2 Stunden (oder länger) – das kommt dem Geschmack zugute.

Einweichzeit: 3 Stunden
Vorbereitungszeit: 10 Minuten
Zubereitungszeit: 1 1/2 -2 Stunden

Zutaten

3 Tassen getrocknete Bohnen (Pinto- oder Bayobohnen), 3 Stunden in lauwarmem Wasser eingeweicht
3 EL Schmalz
1 kleine Zwiebel, fein gehackt
1 Stängel Teekraut – epazote –, ersatzweise Zitronenmelisse
3 Chilischoten (chile serrano, s. S. 66)
1-2 TL Salz

Zubereitung

Die eingeweichten Bohnenkerne gut abtropfen lassen. Schmalz in einem Topf erhitzen (so man hat, einen Tontopf benutzen), Zwiebel darin anschwitzen. Bohnen zugeben und mit ca. 2 1/2 Liter Wasser auffüllen. Den Topf zudecken und die Bohnen bei mittlerer Hitzezufuhr ca. 1 1/2 -2 Stunden garen. Sie sollten immer von Wasser bedeckt sein. Dann Teekraut, Chilischoten und Salz zugeben und die Bohnen bei geöffnetem Deckel noch etwa 30 Minuten köcheln.
Tipp: Bohnen, die an der Oberfläche schwimmen, wegwerfen!

Bohnen mit Maiskölbchen
Frijoles con elotl

Dieses Gericht schmeckt besonders gut, wenn dazu die kleinen, etwa 6-10 cm langen unreifen Kölbchen mit hellen Körnern verwendet werden; die Zutatenmenge dann auf 16 erhöhen.

Für 3-4 Portionen

Vorbereitungszeit: 20 Minuten
Zubereitungszeit: 60 Minuten

Zutaten

4 Maiskolben, frisch und zart
500 g zarte Stangenbohnen
4 EL Schmalz oder Maiskeimöl
1 EL frischer Salbei, klein geschnitten
1/2 TL Korianderpulver
Salz und Pfeffer nach Geschmack
1 Becher Crème fraîche
1 Tasse Käse, gerieben; in Mexico: Oaxaca, Ersatz: milder Feta oder Mozzarella

Zubereitung

Die Maiskolben und Bohnen waschen, Bohnen putzen und halbieren. Das Öl in einer ofenfesten Form erhitzen, die Gewürze dazugeben, Maiskolben und Bohnen einlegen und unter öfterem Wenden ca. 10 Minuten anbraten. Backofen auf 200° C vorheizen! Das Gemüse mit der Crème fraîche übergießen und den Käse darauf verteilen. Etwa 40 Minuten backen, bis der Käse zu bräunen beginnt.
Tortillas oder Tamales dazu reichen.

Bohnen mit Maiskölbchen

Frijoles con elotl

Maiskölbchen, gebacken
Elotl al horno

Anstatt Zitronensaft einmal Limettensaft verwenden! Die mexikanischen Limetten gibt es das ganze Jahr über zu kaufen. Der Geschmack ist unvergleichlich delikater als der des Zitronensaftes.

Vorbereitungszeit: 20 Minuten
Zubereitungszeit: 60 Minuten

Zutaten

8-16 Maiskölbchen, je nach Größe, frisch und zart (der Strunk möglichst noch weich)
5 EL Butter
1/2 TL Chilipulver
1/2 TL Salz
Saft einer Limette oder Zitrone
1 Becher Crème fraîche
1 Tasse Käse, gerieben (Emmentaler oder Parmesan); in Mexiko: queso Chihuahua, halbfester Schnittkäse

Zubereitung

Die jungen Maiskolben 10 Minuten kochen. Den Backofen vorheizen. Die Maiskolben in eine feuerfeste Form schichten. In einer Pfanne die Butter zerlaufen lassen, Chilipulver und Salz dazugeben, mit Limetten- oder Zitronensaft abschmecken, mit der flüssigen Butter gut verrühren und über die Maiskolben gießen. Den Becher Crème fraîche darüber verteilen und mit dem Käse überstreuen. Etwa 40 Minuten bei 200° C backen, bis der Käse zu bräunen beginnt.
Zu Fleischgerichten oder Tortillas servieren.

Aztekische Klöße
Tamales de elote

Die Azteken wickelten ihre Tamales in Mais*- oder Bananenblätter. Wir können frische Maiskolben und Bananenblätter in Markthallen oder in Asia-Shops kaufen. Die Blätter heiß waschen, dann kalt abspülen, damit sie biegsam werden.

Für 8 Portionen

Vorbereitungszeit: 15-20 Minuten
Zubereitungszeit: 40 Minuten

Zutaten

8 frische Zuckermaiskolben mit Hüllblättern
1 Tasse Weizenmehl
1 Päckchen Backpulver
180 g Butter, 1 TL Salz
evtl. 1 Ei

Zubereitung

Die Liesch- oder Hüllblätter vorsichtig von den Kolben lösen, waschen und ausbreiten. Die Körner mit Hilfe einer Küchenreibe vom Kolben lösen und im Mixer zerkleinern. Weizenmehl mit Backpulver zugeben, Butter und Salz schaumig rühren, beide Massen vermischen. Falls nötig zur Bindung noch ein Ei zugeben. Von dieser Teigmasse jeweils einen Esslöffel voll auf den Hüllblättern verteilen. Die Blätter entweder zu Päckchen zusammenfalten oder mit Küchengarn umwickeln (die Form ist beliebig).
Die Tamalespäckchen auf die restlichen Hüllblätter in den Siebeinsatz stellen und etwa 40 Minuten im Dampfdrucktopf garen.

* Werden getrocknete Hüllblätter verwendet, vor der Verwendung 30 Minuten in heißem Wasser einweichen. Die Blätter wurden bei den Azteken »totolmochtle« genannt. Siehe auch Seite 130.

Füllung für Tamales
Profusión para tamales

Zu gefüllten Tamales reicht man Mole – siehe Rezepte auf Seite 67 und 68 oder Pipiánsauce, Seite 68, 83.

Für 8 Tamales

Einweichzeit: 6 Stunden
Vorbereitungszeit: 15 Minuten
Zubereitungszeit: 30 Minuten

Zutaten
1/2 Tasse Kidneybohnen eingeweicht, im Dampfdrucktopf mit 2 Tassen Wasser 40 Minuten gegart
1 EL Maiskeimöl
1 kleine Zwiebel, fein gehackt
1 kleine Fleischtomate, gehäutet, gewürfelt
1/2 Tasse Bohnenbrei (siehe Seite 73)
150 g Hackfleisch (Faschiertes)
1 EL Minzeblätter, gehackt
1 TL Anispulver, 1/2 TL Korianderpulver
1-2 TL Maisgrieß, nach Bedarf
Salz und Pfeffer nach Geschmack
Tamalesteig, Rezept nebenstehend

Zubereitung
Die gegarten Bohnenkerne mit soviel Wasser pürieren, dass eine Art Creme entsteht.
Öl erhitzen, Zwiebeln und Hackfleisch darin anbraten. Tomate, Bohnenpüree und Gewürze zugeben, aufkochen lassen. Sollte die Masse zu flüssig sein, mit etwas Maisgrieß binden.
Tamalesteig herstellen; auf vorbereitete Maishüllblätter oder auf Backpapier erst einen Esslöffel Teig, dann einen Esslöffel Füllung und darauf noch einmal einen Esslöffel Teig platzieren. Päckchen formen und wie nebenstehend beschrieben die Klöße garen.

Der »Schlammnasen«-Verkäufer

»Er ist ein Fischer von mancherlei, ein Mann vom Wasser, er sitzt am Ufer, fängt mancherlei, gebraucht das Netz, er arbeitet mit Schlingen, hängt (Fanggerät) aus, bedient sich des Fischwehrs, fischt mit den Rohrangelhaken, wartet auf das Wasser (der Regenzeit), er trägt (den Fang) gebeugt auf dem Rücken.
Er verkauft Krebse, Menschenfische, Trompetenschnecken, Schildkröten, Kalebassenfische, Rundschildfische, Adlerforellen, Jaguarfische, Aale, Axolotl. Leguane, schwarzbraune Forellen, Weißlinge, weiße Fische, die auf das Wasser (der Regenzeit) warten.
Fische von der Farbe des Caquanvogels, eingewickelte, umhüllte, in Blättern gebackene Fische, Scheißpetoten (Weißfische), Topotli, Axolotl, Krebse, Kaulquappen.
Er verkauft frische nasse Fische, frische getrocknete Fische. Er verkauft Fischbrut, Fischbrut-Krapfen, Fischrogen. Wasser-Beermelde, Fladen und Krapfen daraus, Wasser-Beermeldeneier. 'Wassersandnasen', Krapfen daraus, Ragout, Würmerfladen, Krapfen und Fladen aus wimmelnden Wassertieren, weißes, schmutziges und blumiges Gewürm.«
Wir sehen, dass die Fische im Hochtal von Anáhuac, im heutigen Mexico-City, außerordentlich zahlreich gewesen sind. Sie waren in der Ernährung der Azteken anscheinend die Hauptlieferanten des Proteins. Die Fische wurden mit Keschern gefangen, das heißt, mit kleineren oder größeren Handnetzen. Sie wurden auch mit Speeren oder mit dem Wurfbrett gefangen. Außer den Fischen, die uns Sahagún im »Schlammnasenverkäufer« aufzählt, schätzten die Azteken noch Frösche, Schlangen, Enten, Wachteln, Jagdhühner, Tauben und Reiher, die sich an den Seen aufhielten. Wild wie Hirsch, Hase, Puma und Ozelot wurde mit Pfeil und Bogen erlegt, die Vögel meistens in Netzen gefangen.
Pater Bernardino de Sahagún berichtet, dass ein kleiner weiß-fleischiger Fisch Charales genannt wurde und auf den Märkten gekauft werden konnte. »Manchmal verkauften sie ihn in Maisblättern als Tamales oder gegrillt über dem Holzfeuer. Er wurde getrocknet angeboten oder als Bestandteil vieler verschiedener Gerichte.«

Garnelentorte
Torta de camarones

Der Kreuzkümmel ist ein Gewürz, das ursprünglich aus dem Niltal stammt. Über Nordafrika verbreitete sich die Pflanze bis nach Indien und China – und über den »Umweg« gelangte er auch nach Spanien. Die Seefahrer brachten ihn mit in die »Neue Welt«.

Vorspeise für 6 Portionen

Vorbereitungszeit: 20 Minuten
Zubereitungszeit: 40 Minuten

Zutaten

Für den Teig:

1 1/2 Tassen Weizenmehl
1/2 Tasse Maismehl
1/2 Tasse Butter
1 EL kaltes Wasser
1/4 TL Salz

Für den Belag:

400 g Garnelen
2 Eier
1/2 Tasse süße Sahne
1/2 TL Chilipulver
1/2 TL Kreuzkümmelpulver
1/2 TL Salz
1/2 Teelöffel Zitronensaft
1 Tasse geriebener queso chihuahua*

Zum Garnieren:

1 Avocado, halbiert, geschält, entsteint

* Chihuahua, auch Mennoniten-Käse genannt, kann durch Raclette-Käse oder Gouda ersetzt werden.

Zubereitung

Für den Teig alle Zutaten auf einer Arbeitsfläche zu einem glatten Mürbeteig verkneten. Schnell und mit kalten Händen arbeiten! Kühlstellen!
Inzwischen den Belag zubereiten. Alle Zutaten, außer den Garnelen, in einer Schüssel mit dem Schneebesen verrühren. Die gewaschenen und abgetropften, trocken getupften Garnelen unterheben.
Den Backofen auf 200° C vorheizen.
Den Teig in eine gefettete Springform (Ø ca. 25 cm) geben, auslegen und den Rand ca. 2 cm hochziehen.
Im Ofen 7 Minuten »blind« vorbacken: Dazu passendes Pergamentpapier auf Boden und Rand drücken und getrocknete Hülsenfrüchte gleichmäßig darauf verteilen. Dann die Hülsenfrüchte samt Papier entfernen, den Boden weitere 3 Minuten vorbacken.
Die Garnelenmasse darauf verteilen und noch weitere 20 Minuten bei 200° C fertig backen.
Frisch und warm, mit der Avocado verziert, reichen.

Garnelentorte
Torta de camarones

Fischfilets mit Kichererbsen
Charales

Fischfilets mit Kichererbsen
Charales

Charales sind kleine weiße Fische, die heute in Mexiko vorzugsweise in Teig getaucht und ausgebacken als Fingerfood gegessen werden. Die Fische entsprechen etwa dem Hasel oder dem Döbel oder auch dem Rapfen. Das sind kleine Süßwasserfische – leider mit vielen Gräten. Einfacher ist die Zubereitung mit Fischfilet.

Vorbereitungszeit: 20 Minuten
Zubereitungszeit: Dampfdrucktopf 80 Minuten, dann 20 Minuten

Zutaten

1 Tasse gekochte Kichererbsen
4 EL Schmalz
4 Knoblauchzehen, fein gehackt
3 Zwiebeln, in halbe Ringe geschnitten
1 große Fleischtomate, gehäutet, in halbe Scheiben geschnitten
je 1/2 TL Nelken- und Korianderpulver
Salz und Pfeffer nach Geschmack
4 Fischfilets, z. B. vom Kaiserbarsch, je 200 g
1 Tasse Gemüse- oder Fischbouillon

Zubereitung

Die nicht eingeweichten Kichererbsen im Dampfdrucktopf mit 2 Tassen Wasser und etwas Salz in ca. 80 Minuten garen. Die über Nacht eingeweichten Kichererbsen im normalen Kochtopf mit Wasser etwa 150 Minuten kochen. Dosenkichererbsen abgießen und in wenig Gemüsebrühe erwärmen. In einem flachen Topf das Schmalz erhitzen, Knoblauch und Zwiebeln darin anschwitzen, Tomatenscheiben und Gewürze zugeben und die Fischfilets obenauf legen. Topf verschließen und die Fische etwa 15-20 Minuten garziehen lassen. Auf einer Platte anrichten und mit den Kichererbsen umlegen. Tortillas, Tamales oder Reis und eingelegte Chilischoten dazu reichen.

Fisch aus dem Backofen
Huachinango al horno

Die Azteken garten ihren Fisch im Pib (siehe dazu Seite 84). Wir können entweder den gut gewässerten Römertopf oder eine gusseiserne Form mit Deckel verwenden. Beide Formen können in den Backofen gestellt werden: der Römertopf kommt in den kalten Backofen, die Gusseisenform in den warmen Ofen.

Vorbereitungszeit: 15 Minuten
Zubereitungszeit: 70 Minuten

Zutaten

4 Filets vom Red Snapper oder Seewolf
3 Karotten, geputzt, in Stücke geschnitten
2 Frühlings- oder Lauchzwiebeln, geviertelt
1 gelbe Chilischote, entkernt, fein gehackt
falls erhältlich: 2 Chayoten, geviertelt, entkernt, geschält, siehe Seite 165
1 EL Zitronensaft
8 grüne Pfefferkörner, im Mörser zerstoßen
4 ganze Nelken, 1 TL Salz
je 1/2 TL Korianderpulver und Zimtpulver
Butterflöckchen
1/2 Tasse süße Sahne

Zubereitung

Fischfilets waschen, trocknen, nach Gräten absuchen. In den vorbereiteten Römertopf oder in eine mit Maiskeimöl ausgepinselte Gusseisenform legen.
Mit den Gemüsen umlegen, Zitronensaft und Gewürze zugeben, Butterflöckchen aufsetzen. Gusseisenform in den auf 180° C vorgeheizten Backofen schieben. Römertopf in den kalten Backofen stellen, zudecken und bei 200° C etwa 1 Stunde garen lassen. Dann die Kochgefäße aufdecken, den Fisch mit der Sahne übergießen und weitere 10 Minuten im Backofen lassen. Zum Fisch im Topf passt Quinoa sehr gut; auch Tortillas schmecken dazu.

Fischwürfel mit Garnelen
Cubos de pescado y camarones

Eigentlich müsste in der Überschrift noch »à la mexicana« stehen, denn der Zusatz bedeutet, dass das Gericht mit Tomaten, Zwiebeln und Chillies zubereitet wird.

Für 3-4 Portionen

Vorbereitungszeit: 15 Minuten
Zubereitungszeit: 30 Minuten

Zutaten
2 EL Maiskeimöl
1 mittelgroße Zwiebel, fein gehackt
1 Knoblauchzehe, zerdrückt
3 reife Tomaten, gehäutet, entkernt, das Fruchtfleisch grob zerkleinert
1 Fischfilet (ca. 250 g, Seebarsch oder Red Snapper), in Würfel geschnitten
1 EL Kürbiskerne, fein gehackt
Saft von 1 Limette oder Zitrone
1 TL Chilipulver
1 EL Honig
Salz nach Geschmack
250 g küchenfertige Garnelen oder Krabben
1 TL Butter

Zubereitung
Maiskeimöl in einem großen Topf erhitzen. Zwiebel und Knoblauch zugeben, unter Rühren glasig braten. Tomatenfleisch einrühren, etwa 5 Minuten unter weiterem Rühren sanft garen. Die Fischwürfel einlegen, etwa 10 Minuten sanft köcheln, vorsichtig umrühren und das Gericht noch etwa 10 Minuten ziehen lassen. Etwa 5 Minuten vor Garende die Garnelen in der Butter rundum anbraten und in die Sauce geben. Garnelen dürfen nicht zu lange garen, sonst werden sie hart! Tortillas, Tamales oder Reis dazu servieren.

Handel und Tribut

Handel und Tri

Die einfache Form des Handels erstreckte sich vom Verkauf von Federn, Kleidern aus Magueyfasern (Fasern aus den Blättern der Maguey-Agave gewonnen) und Lebensmitteln bis hin zur höheren Form des Verkaufs von Gegenständen aus Jade, Türkisen, Goldschmuck und Baumwollkleidung.
Die unterworfenen Nachbarstämme wurden tributpflichtig und hatten den herrschenden Azteken hohe Abgaben zu bezahlen, die oftmals alle 80 Tage, ansonsten zweimal jährlich in die Schatzkammern der Hauptstadt gebracht werden mussten. Die Azteken führten auf Kosten der unterworfenen Stämme ein glanzvolles und üppiges Leben. Der Codex Mendoza berichtet darüber. Nachfolgend eine Aufstellung einiger Tributabgaben:

Nahrungs- und Genussmittel

Mais	140.000 Scheffel*
Bohnen	105.000 Scheffel*
Ölhaltige Samen der Salvia Chia	105.000 Scheffel*
Kakao	1.260 Traglasten
Salz	6.000 Brote**
Chilischoten	1600 Traglasten
Eingedickter Agavensaft	2400 Kannen
Bienenhonig	1.700 Krüge
Zigarren	36.000 Bündel

* Scheffel = Hohlmaß für Getreide
1 Scheffel = ca. 50 Liter
** Alte aztekische Maßeinheit, die der Codex Mendoza nicht näher erläutert.

Baustoffe und Hausrat

Brennholz	5400 Traglasten
Balken	5400 Stück
Große Bretter	10.800 Stück
Bambusstäbe	18.000 Traglasten
Schilfrohr für Pfeile	36.000 Traglasten
Kalebassen, bemalt und lackiert	27.600 Stück
Geflochtene Matten	12.000 Stück
Stühle	12.000 Stück
Kalk	19.200 Traglasten

Walter Krickeberg berichtet uns weiter, dass zu diesen immensen Tributabgaben noch kleinere Mengen von Farbstoffen kamen, z. B. von Ocker und Chochenille, außerdem Felle und Vogelbälge, Ketten aus Gold und Jadeperlen, Lippenpflöcke aus Bernstein und Bergkristall, Goldstaub, Goldblech und Goldbarren, Türkise und Türkismosaiken, Meermuscheln zur Herstellung von Schmuckstücken, Äxte und Schellen aus Kupfer. Papierdünne Kupfermesser dienten ebenso wie die gut geformten Kakaobohnen als Zahlungsmittel. Ein ungeheurer Reichtum strömte auf diese Weise von überall her in das Hochtal Anáhuac, das heutige Mexico-City.

Huhn mit roter Pipian-Sauce
Pollo con pipián rojo

Zum Huhn in Pipiansauce passen Bohnenbrei, ungefüllte Tamales und Reis. Statt Sonnenblumenkerne können auch Sesamsamen (nach einem Rezept von Sahagún) genommen werden.

Vorbereitungszeit: 20 Minuten
Zubereitungszeit: 90 Minuten (im Dampfdrucktopf 60 Minuten)

Zutaten

1 Huhn, geviertelt, gekocht
2-3 Tassen Wasser
3 mittelgroße Möhren, in Stücke geschnitten
1/2 TL Salz

Für die Sauce:

3 EL Maiskeimöl
1 große Zwiebel, grob geschnitten
2-3 mittelgroße rote Chillies, in Stücke geschnitten
5 Knoblauchzehen
1/2 Tasse Sonnenblumenkerne
1/2 TL Zimtpulver
Salz nach Geschmack

Zubereitung

Während das Huhn mit den Möhren kocht, wird in einer Pfanne die rote Pipian-Sauce zubereitet.
Das Maiskeimöl erhitzen und alle Zutaten außer dem Zimtpulver hellbraun anbraten. Wenn das Huhn fertig gekocht ist, die Möhren herausnehmen, zu den Saucenzutaten geben, ebenso das Zimtpulver und alles im Mixer pürieren. 1-2 Tassen von der Hühnerbrühe dazugießen und 10-15 Minuten einkochen lassen.
Das geviertelte Huhn enthäuten und entbeinen, auf einer vorgewärmte Platte anrichten und mit der Pipiansauce übergießen. (Pipian ist eine moleartige Sauce, die jedoch ohne Schokolade zubereitet wird.)

Putenteile mit Mole
Pavo con mole

Bereits das Volk der Maya domestizierte wild lebende Truthähne. Die Azteken übernahmen die Tierhaltung; sie aßen zu Truthahn mit Mole Tamales, Tortillas oder Bohnenbrei. Uns wird auch Reis dazu schmecken!

Für ca. 10 Portionen

Vorbereitungszeit: 30 Minuten
Zubereitungszeit: 2 Stunden (einschließlich Molezubereitung)

Zutaten

Ein Puter, in portionsgerechte Stücke geteilt
1 Tasse Schmalz
Salz und Pfeffer nach Geschmack
2-3 Tassen Hühnerbrühe
4 Nelken
1 Chili, entkernt, fein geschnitten
2 Lauchzwiebeln, in Stücke geschnitten
2 Kochbananen, in Stücke geschnitten
1 Tasse Wildkirschen ohne Saft, entsteint
1 Mango, halbiert, geschält, entsteint, in Stücke geschnitten

Zubereitung

Zunächst den Backofen auf 220° C vorheizen.
Das Schmalz in einer Pfanne erhitzen. Die Putenteile mit der Haut nach unten in einen Braten- oder Schmortopf schichten. Salzen und pfeffern und mit dem heißen Schmalz übergießen. Mit etwas heißer Hühnerbrühe anfüllen und etwa 40 Minuten braten. Die Putenteile wenden, Hühnerbrühe nachfüllen und die Putenteile unter Zugabe der Nelken, Chili und Zwiebeln weitere 30 Minuten bräunen lassen.
Die letzten 15-20 Minuten die Früchte um die Bratenteile legen und mitgaren lassen. Öfter begießen!

Auf einer Platte die Putenteile mit den Früchten anrichten und warmstellen. Den Bratenfond vom Schmortopf lösen und für den Mole aufbewahren. Zubereiten der Mole Seite 67, 68. Statt der dort angegebenen Hühnerbrühe kann der Bratensaft mit verwendet werden.

Der Pib

Das Garen in Erdgruben ist auf der ganzen Welt bekannt. Im heutigen Mexiko kannten bereits die Maya, die zwischen 2000 v. Chr. und ca. 1550 n. Chr. den mittelamerikanischen Raum bevölkerten, pibes oder pibiles. Das waren mit Steinen ausgelegte Gruben. In der Maya-Sprache bedeutet pibil: in einer Grube garen.

Der Pib ist die besondere Feuerstelle, der Backofen der Azteken. In der Erde vor dem Haus wurde ein Quadratmeter Boden einen Meter tief ausgehoben. Da hinein wurden große Steine gelegt, genügend trockenes Holz und glühende Holzkohle. Sobald das Holz anfing zu brennen, füllte man weiteres Holz auf, bis es eine große Flamme gab.

Man setzte große tönerne Pfannen oder Töpfe, immer mit einem Deckel versehen, auf die Glut und die glühend heißen Steine. In den Töpfen und Pfannen befand sich der Festbraten, oftmals umlegt mit Gemüsen, Obst, Kräutern und Gewürzen.
Oder man füllte das Gargut in Bananen- oder Maisblätter, die zuvor geschmeidig gemacht wurden.
Es wird uns überliefert, dass auf die abgedeckten Tontöpfe eine Schicht Gras gelegt wurde; darüber häufelte man Erde. Etwa drei Stunden mussten die Gerichte im Pib garen.

Fasan im Römertopf
Faisán en pib

In Mittel- und Südamerika wächst der Mombinpflaumenbaum. Die Früchte sind entweder gelb oder rot, sie werden gerne eingelegt oder zu Getränken verarbeitet; roh schmecken sie recht sauer. Wir können für das Rezept nicht zu reife Pflaumen oder Reineclauden nehmen.

Für 2 Portionen

Vorbereitungszeit: 15 Minuten
Zubereitungszeit: 70 Minuten

Zutaten
1 Fasan, bratfertig vorbereitet
Salz und Pfeffer nach Geschmack
1 EL Butter zum Einreiben des Fasans

Die Füllung:
1 Tasse saure Pflaumen, fein geschnitten – falls erhältlich: Mombinpflaumen
1 Tasse Mais
1 Tasse grüne Bohnenkerne, gekocht oder aus der Dose
1 getrocknete rote Chili, ca. 1 cm groß, im Mörser zerstoßen
1/2 TL Zimtpulver
1/2 TL Korianderpulver

1 Tasse Weißwein statt Pulque (vergorener Agavensaft)
1 Becher Crème fraîche

Zubereitung
Den Fasan innen und außen salzen und pfeffern. Die Zutaten für die Füllung in einer Schüssel gut vermengen und den Fasan damit füllen. Sollte von der Füllung etwas übrigbleiben, beiseite stellen. Den Fasan mit der Brust nach oben in den vorbereiteten Römertopf legen, die Brust mit der Butter bestreichen und den Vogel eine Stunde bei ca. 220° C braten. Nach 50 Minuten den Römertopf öffnen, das evtl. übrige Gemüse der Füllung um den Fasan legen, mit Weißwein auffüllen, Crème fraîche darüber verteilen.
Nochmals 10-15 Minuten im Ofen garen.
Den Fasan mit der Geflügelschere halbieren, die Hälften mit der Füllung auf einer Platte anrichten und mit dem Bratensaft übergießen.
Bohnenbrei oder Tamales, evtl. auch Reis dazu reichen.

Der Pib – der »Backofen« der Azteken.

Schweinelendchen in Pulque
Lomos de cerdo con pulque

Pulque ist vergorener Agavensaft, schwach alkoholisch. Kann durch Weißwein oder auch Bier ersetzt werden. Die Indios essen hierzu Bohnenbrei – sehr gut schmeckt aber auch Quinoa dazu.

Für 4-5 Portionen

Vorbereitungszeit: 20 Minuten
Zubereitungszeit: 50 Minuten

Zutaten

1 kg Schweinelende
Salz und Pfeffer nach Geschmack
4 EL Öl
4 mittelgroße grüne Chilis, fein geschnitten
1 mittelgroße Zwiebel, fein geschnitten
2 Knoblauchzehen, fein zerdrückt
2 Tassen Weißwein (statt Pulque)
4 EL Sonnenblumenkerne, gemahlen

Zubereitung

Die Schweinelende salzen und pfeffern. In einem flachen Topf das Öl erhitzen, die Lende darin rundum anbraten. Das Gemüse um das Fleisch arrangieren und den Weißwein zur Hälfte dazugießen. Im geschlossenen Topf ca. 40 Minuten garen und den restlichen Wein nachgießen. Weitere 20 Minuten garen. Zum Schluss die Sonnenblumenkerne in die Sauce rühren, die damit etwas gebunden wird.
Fleisch in Portionsscheiben schneiden und mit der Sauce überziehen.

Wildschwein-Eintopf
Puchero de jabalí

Durch die Verwendung von unterschiedlichen Chilischoten bekommt der Eintopf jedes Mal einen »neuen« Geschmack: chile serrano (frisch) hat auf der Schärfeskala die Zahl 7; chile mulato (getrocknet) hat nur 2-4. Die Skala reicht von (0)1-10. Chile habanero ist am schärfsten.

Vorbereitungszeit: 15 Minuten
Zubereitungszeit: 80 Minuten

Zutaten

1 kg Wildschweinfleisch, aus der Keule
4 EL Maiskeimöl
2 mittelgroße Zwiebeln, fein geschnitten
1 TL Salz
4 Tassen Wasser
2 Chilischoten, in feine Ringe geschnitten (oder mehr!)
2 Fleischtomaten, enthäutet, in halbe Scheiben geschnitten
3 Knoblauchzehen, zerdrückt
1/2 Bund Teekraut – epazote, ersatzweise Zitronenmelisse
1/2 Bund hoja santa, ersatzweise Fenchelkraut
Salz und Pfeffer nach Geschmack

Zubereitung

Das Wildschweinfleisch kalt abspülen und abtrocknen. In einem Topf das Öl heiß werden lassen, inzwischen das Fleisch in mundgerechte Stücke schneiden, dann scharf anbraten. Die Zwiebel dazugeben und mitbraten. Mit Salz würzen, Wasser auffüllen und bei mittlerer Hitze ca. 50 Minuten kochen lassen. Die übrigen Zutaten dazugeben und weitere 15 Minuten köcheln lassen, bis das Fleisch weich ist. Kräuter aus der Bouillon entfernen. Mit Salz und Pfeffer abschmecken. Dazu Tortillas reichen, die in Stücke gebrochen werden.

Schweinelendchen in Pulque

Lomos de cerdo con pulque

Vanille

Die Azteken verwendeten die Vanille zum Würzen ihrer Kakao-Getränke. Sie mischten sie auch mit nixtamal – Maismehl – zu einem getrockneten Brei, den sie auf Reisen mitnahmen, um so das köstliche Getränk immer zubereiten zu können und stets zur Verfügung zu haben. Durch die Spanier wurde die Vanille Ende des 16. Jahrhunderts in Europa bekannt.
Es ist nicht möglich, über Kakao und Schokolade zu sprechen, ohne die Vanille zu erwähnen. Tlilxochil nannten die Azteken die köstliche Vanille. Vor etwa 300 Jahren war Mexiko der einzige Vanille-Erzeuger der Welt. Ein wahrhaft lukratives Monopol!

Camotli-Süßkartoffeln mit Guaven
Dulce de camote con guyabadas

Camotli-Süßkartoffeln sind in ausgewählten Delikatessengeschäften erhältlich; zur Erntezeit aber auch in gut sortierten Supermärkten.

Dessert für 5-6 Portionen

Vorbereitungszeit: 10 Minuten
Zubereitungszeit: 20 Minuten

Zutaten

500 g Süßkartoffeln (etwa 2 Stück) schälen, in Stücke schneiden, sofort in kaltes Wasser legen
1/2 Tasse brauner Zucker
1/2 Tasse Wasser
1 Dose Guaven, ohne Saft, die Früchte püriert oder 1,5 kg frische Guaven, geschält, halbiert entkernt;
mit wenig Wasser bedeckt und mit Zimt gewürzt, gegart und dann püriert
1 TL gemahlene Nelken
1 EL Honig

Zubereitung

Die Kartoffelstücke im Dampfdrucktopf mit etwa 2 Tassen Wasser 10 Minuten garen. Wasser abgießen, Süßkartoffeln pürieren und bei Bedarf den Saft der Guaven dazugeben.
In einem Topf den Zucker sehr knapp mit Wasser bedecken und heiß werden lassen. Der Zucker bildet dann Klümpchen. Das Kartoffelpüree dazugeben und die Masse sofort gut durchrühren. Sollte die Konsistenz zu fest sein, noch Guavensaft oder Wasser dazugeben. Die pürierten Guaven, Nelken und den Honig zugeben und alles gut verrühren.
In Dessertschalen füllen und mit Früchten hübsch garnieren.

Man kann die Masse auch fest werden lassen, »Zigarren« davon formen und in Pergamentpapier einwickeln. Über Nacht im Kühlschrank ruhen lassen und vor dem Servieren mit Zuckerguss überziehen.
In einigen Staaten von Mexiko ist es heute noch üblich, dieses altaztekische Dessert zu verschenken. Auf den Zuckerguss wird dann noch mit Schokoladenguss der Name des Beschenkten geschrieben.

Zuckerguss:

200 Gramm Puderzucker
etwa 3 EL Limetten- oder Zitronensaft

Der fein gesiebte Puderzucker wird mit dem Limettensaft glatt gerührt, so dass eine dickflüssige Masse entsteht. Mit einem Messer den Zuckerguss über das Kartoffeldessert streichen und fest werden lassen.

Camotli-Süßkartoffeln mit Ananas
Dulce de camote con piña

Bei seiner zweiten Reise in die »Neue Welt« bekam Columbus im Jahre 1493 auf Guadeloupe frische Ananasfrüchte überreicht – er war der erste Europäer, der diese Frucht kennen lernte. Den Namen piña erhielt die Ananas von den Konquistadoren, da die Frucht sie von der Form her an einen Pinienzapfen erinnerte.

Für 5-6 Portionen

Vorbereitungszeit: 10 Minuten
Zubereitungszeit: 20 Minuten

Zutaten

500 g Süßkartoffeln (etwa 2 Stück), schälen, in Stücke schneiden, sofort in kaltes Wasser legen
1/2 Tasse weißer Zucker
1/2 Tasse Wasser
1/2 Tasse Pinienkerne, gehackt
1 Tasse Kokosnussraspel
1 TL Vanilleextrakt oder das Mark einer Vanilleschote
1 Tasse Orangensaft (von etwa 2 Orangen)
6 Scheiben frische Ananas, sehr fein geschnitten
Ananasachtel zum Garnieren

Zubereitung

Die Kartoffelstücke im Dampfdrucktopf mit etwa 2 Tassen Wasser 10 Minuten garen. Wasser abgießen, Kartoffeln pürieren und bei Bedarf etwas Orangensaft dazugießen. Es soll ein fester Brei entstehen.
In einem Topf die halbe Tasse Zucker sehr knapp mit Wasser bedecken und heiß werden lassen. Der Zucker bildet Klümpchen. Das Kartoffelpüree dazugeben und die Masse sofort gut durchrühren. Alle anderen Zutaten einrühren und, falls die Konsistenz zu fest wird, noch Orangensaft nachgießen. Die Ananasstückchen in die erkaltete Masse geben; kalt servieren.
Mit Ananas hübsch garnieren.

Man kann die Kartoffelmasse auch sehr fest werden lassen und zu Fingernudeln formen, die eingewickelt über Nacht im Kühlschrank ruhen. Vor dem Servieren werden sie dann mit Schokoladenguss überzogen. So isst man dieses Dessert heute noch im Staate Puebla.

Kokospudding
Budín de coco

Kokospudding
Budín de coco

Stammt nun die Kokospalme aus Polynesien oder aus Südamerika? Darüber sind sich die Fachleute bis heute nicht einig. Genießen wir einfach den köstlichen Pudding!

Für 6 Portionen

Vorbereitungszeit: 15 Minuten
Zubereitungszeit: 15 Minuten

Zutaten
3 Tassen Kokosraspel
4 Tassen kochendes Wasser
oder das Fleisch einer Kokosnuss auslösen und mit etwas Wasser im Mixer pürieren
1 Tasse Rohrzucker
4 1/2 Tassen Milch
6 gestrichene EL Maisstärke
1/2 TL Vanilleextrakt oder das Mark von einer Vanilleschote
1/2 TL Zimtpulver
1/4 TL Salz
leicht geröstete Kokosspäne
frische Granatapfelkerne

Zubereitung
Die Kokosraspel mit dem kochenden Wasser übergießen und 7 Minuten kochen lassen. Wasser abgießen, Raspel beiseite stellen.
Den Zucker in 4 Tassen Milch verrühren und zum Kochen bringen. In der restlichen Milch das Stärkemehl verrühren und in die kochende Milch gießen. Mit dem Schneebesen kräftig schlagen! Die gekochten Kokosraspel sowie die Gewürze zugeben, alles gut verrühren. In einer Puddingform kalt servieren. Mit Kokosspänen und Granatapfelkernen garnieren. Oder mit Schokoladensauce oder pürierten Früchten servieren.

Der Kakao

Pater Bernardino de Sahagún überliefert uns in seinen Büchern ein umfassendes Kapitel über den Kakaoverkäufer und über die Beschaffenheit einer guten Kakaobohne. Er hinterließ uns auch die Beschreibung des schlechten Kakaoverkäufers, der ein Betrüger war und unter Strafe gestellt wurde. »Der gute Kakaoverkäufer«, berichtet Sahagún, »ist es gewöhnt, mit Kakao zu handeln und stets einen großen Vorrat davon zu haben. Er hat auch Kakaoplantagen. Er verkauft seinen Kakao auf dem großen Markt, seine Bohnen sind groß, solide und gut sortiert.« Er verkauft »dicke, feste, gebogene, schön gebogene, erlesene, gut ausgesuchte Bohnen. Nach Qualität und sortiert verkauft er die Ware, allein gelegt... die dicken, die festen Bohnen, getrennt von ihnen die geschrumpften, die hohlen, die zerbrochenen, die ganz zerbröckelten.« Wieder getrennt davon »den Kakaogrus und Staub«. Der gute Kakaoverkäufer trennt auch die Kakaoqualitäten nach den einzelnen Gebieten des Landes, denn je nach Bodenbeschaffenheit oder Höhenlage haben die Kakaobohnen einen unterschiedlichen Geschmack.
Der Kakao wurde stets mit Wasser gekocht, mit besonderen Quirlen schäumend aufbereitet. Den Abschluss eines Mahles bildete immer eine Kürbis- oder Kalebassenschale voll Kakao und eine gute Zigarre. Am Hof des Kaisers wurde der Kakao kalt aus goldenen Tassen getrunken. Noch heute dient Kakao als Gewürz für verschiedene Getränke und Gerichte.
Tributpflichtige Stämme aus den Küstenländern hatten die Aufgabe, dieses kostbare Handelsgut in das Hochland von Anáhuac (dem heutigen Mexiko City) zu bringen. Kaufleute tauschten Kakao gegen andere benötigte Waren ein. Die Kakaobohnen wurden bei dem guten Kakaohändler auf dem Markt eingekauft. Sie mussten gut getrocknet sein, man röstete sie aber selbst in der Küche. Bevor sie bei dem Röstvorgang ihr Öl abgaben – auf keinen Fall länger, weil ihnen sonst ein Teil ihres köstlichen Geschmacks entzogen worden wäre –, zerrieb und zerquetschte man sie auf dem Metate oder im Mörser, unter dem ein mäßiges Feuer brannte.

Kakao mit Honig
Cacao con miel

Die Azteken zerrieben die Kakaobohnen auf dem Metate (Abbildung Seite 59). Das entstandene grobe »Mehl« wurde dann mit dem speziell entwickelten Kakaoquirl solange mit Wasser verrührt, bis das Getränk hoch aufschäumte. So liebten sie ihr Kakaogetränk .

Für 6 Tassen

Vorbereitungszeit: 10 Minuten
Zubereitungszeit: 15 Minuten

Zutaten

1 Tasse dunkles Kakaopulver
1/2 Tasse Maismehl
3 EL Maiskeimöl
4 Tassen Wasser
1 Tasse Honig

Zubereitung

In einem Topf das Kakaopulver, Maismehl und Maiskeimöl verrühren, am besten mit dem Schneebesen. Den Topfinhalt erhitzen und langsam das Wasser zufügen, aufkochen, vom Herd nehmen. Den Honig einlaufen lassen.
Das Getränk schmeckt heiß am besten.

Bild oben: Kakaobohnen,
vom rosa-weißlichen Fruchtfleisch befreit.
Bild links: Feuerfester Tonkrug,
der nur zur Zubereitung des Getränkes diente.
Bild rechts: Kakaoquirl:
die Ringe liegen lose um den Schaft. Beim
Quirlen schäumt der Kakao auf.

Kakao mit Zimt
Cacao con canela

Zimt wird von der getrockneten Rinde eines Baumes der Lorbeergewächse gewonnen. Ursprünglich aus Ceylon (heute Sri Lanka) stammend, kam er mit den Conquistadores ins Land.

Für 4 Tassen

Vorbereitungszeit: 5 Minuten
Zubereitungszeit: 10 Minuten

Zutaten
4 Tassen Wasser
4 EL Rohrzucker
3 Stück Zimt
1 Prise Salz
1 Tasse bitteres Kakaopulver
1 TL Vanilleextrakt oder Mark von einer Vanilleschote

Zubereitung
Wasser, Zucker, Zimtstücke und Salz 7 Minuten köcheln lassen. Das Kakaopulver mit etwas Wasser anrühren und in die kochende Flüssigkeit geben. Aufkochen lassen. Vanilleextrakt oder das ausgekratzte Mark der Vanilleschote dazugeben, Flüssigkeit durch ein Sieb gießen und heiß oder kalt servieren.

Aztekischer Kakao
Cacao de Aztecas

Bernal Diaz del Castillo berichtet, dass höher gestellte Beamte und Soldaten am Hofe von Moctezuma stets gemahlenen Kakao in goldenen Dosen mit sich führten. Sie würzten mit Vanille, wildem Honig, Agavensaft und manchmal mit Chilipulver. Die Spanier hingegen bevorzugten Anis, Zimt, Mandeln und Haselnüsse, die sie aus Spanien kommen ließen.

Für 5-6 Tassen

Vorbereitungszeit: 5 Minuten
Zubereitungszeit: 10 Minuten

Zutaten
1 Tasse dunkles Kakaopulver
4 Tassen Wasser
Saft von einer Limette oder Zitrone
1/2 TL Zimtpulver
2 Spritzer Tabascosauce
3 EL flüssiger Honig

Zubereitung
In einem Topf das Kakaopulver langsam mit dem Wasser verquirlen und aufkochen lassen. Mit dem Schneebesen kräftig schlagen. Vom Feuer nehmen und unter weiterem kräftigen Schlagen die übrigen Zutaten untermischen. Das Getränk kann heiß oder kalt getrunken werden.

Alt-Aztekisches Kakaorezept
Cacao de Aztecas viejos

Der Kakao, den die Azteken verwendeten, war nicht entölt und auch nicht fein zerrieben. Mit Spezialquirlen wurde der Kakao im kochenden Wasser so lange gequirlt, bis er hoch aufschäumte. Für lange Reisen vermischte man Maismehl mit zerriebenem Kakao und Wasser. Diese Masse wurde getrocknet und das ergab »xocolatl« – eine Art erste Schokolade.

Für 4 Tassen

Vorbereitungszeit: 15 Minuten
Zubereitungszeit: 25 Minuten

Zutaten
4 Tassen Wasser
1 Stange Vanille (ca. 8 cm Länge), längs halbiert
1 grüne Chili, entkernt, gehackt
1 Tasse dunkles Kakaopulver
1 EL flüssiger Honig

Zubereitung
Das Wasser mit der Vanillestange aufkochen lassen, dann die Chilistücke dazugeben und mitkochen lassen. Anschließend den Kakao mit etwas Wasser anrühren und in das kochende Wasser geben. Aufkochen lassen, Vanille herausnehmen. Flüssigkeit mit dem Mixstab pürieren, so fein, dass von den Chilistückchen nichts mehr zu spüren ist. Der Kakao muss schäumen. Anschließend den Honig einquirlen.

Mexikanisches Kakaogetränk – heiß
Cacao a la mexicana

Die Kakaobohne galt bei den Azteken auch als Zahlungsmittel. Es gibt genaue Aufzeichnungen über die unterschiedliche Wertigkeit einer Bohne. – Übrigens sollen Nonnen zum ersten Mal Kakao mit Milch und Zucker gekocht haben!

Für 4 Tassen

Vorbereitungszeit: 10 Minuten
Zubereitungszeit: 15 Minuten

Zutaten
1/2 l Milch
1/2 Tasse dunkles Kakaopulver
1/4 Tasse Rohrzucker
1/2 TL Zimtpulver
1 Prise Salz
1/2 Tasse süße Sahne
1/2 TL Vanilleextrakt oder Mark von einer kleinen Schote

Zubereitung
Die Milch zum Kochen bringen.
In einer Schüssel die trockenen Zutaten vermengen, unter schnellem Schlagen mit dem Schneebesen in die heiße Milch einrühren und aufkochen lassen.
Kakao vom Herd nehmen, dann erst die Sahne und Vanille unterrühren.

Alt-Aztekisches Kakaorezept
Cacao de Aztecas viejos

Mexikanisches Kakaogetränk – heiß
Cacao a la mexicana

PUEBLO
INDIANER

Die Kulturen der heutigen Pueblo*-Indianer in New Mexico und Arizona gehen auf die vorgeschichtliche Kultur der Anasazi zurück (seit etwa 10 000 Jahren sind die Indianer hier ansässig), die in der Zeit zwischen 1100 und 1300 n. Chr. ihre größte Blüte erreichte.

Die Anasazi lebten von Wild und sammelten Beeren, Früchte, Nüsse, Wurzeln und Samen. Die sesshaften Pueblo pflanzten Mais, Bohnen und Kürbisse mit Hilfe besonderer Bewässerungstechniken an. Die Pueblo züchteten aus der heimischen Mais-Wildform (s. S. 54) eine Vielzahl von Kreuzungen, u. a. Zuckermais, Zahn-, Horn- und Puffmais in den unterschiedlichsten Farben. Der Mais wurde zum wichtigsten Lebensmittel. Später kamen als wichtiger Eiweißlieferant noch die Bohnen dazu. Die ständig zunehmenden sesshaften Gruppen entwickelten eine hochstehende Töpfer- und Korbflechtkunst. Mit der Kultivierung der Baumwolle entstand die Weberei.
In dem trockenheißen Gebiet war die Verfügbarkeit von Wasser lebensnotwendig, so dass die Pueblo-Indianer ein sehr komplexes System von Ritualen schufen, die in erster Linie zur Beeinflussung der Regengottheiten dienten. Ihre Abhängigkeit von der Ernte steht bis heute im Zusammenhang mit Fruchtbarkeits- und Regenzeremonien.
Nachdem die Spanier das Gebiet im 16. Jahrhundert erobert hatten, kam zum Ackerbau noch die Viehhaltung, z. B. die Pferde-, Schaf- und Rinderzucht hinzu (siehe dazu auch Seite 121: die Navajos). Charakteristisch für die Siedlungsweise der Pueblos war die mehrstöckige Kompaktbauweise ihrer Dörfer, wie sie heute noch im Pueblo von Taos zu sehen ist. Diese Bauweise wird jedoch immer mehr zugunsten einzeln stehender Einfamilienhäuser aufgegeben. Hinzu kommen die Annehmlichkeiten der modernen Zivilisation wie Elektrizität und fließendes Wasser, die in immer stärkerem Maße Einzug in die traditionellen Pueblo-Dörfer halten. Auch die Ausstattung des Haushaltes gleicht heute mehrheitlich jener der amerikanischen Mittelklasse und eingekauft wird im Supermarkt der nahen Städte.
Obwohl die Mehrheit der Pueblo-Indianer nach wie vor dem Ackerbau nachgeht, gewinnt die Lohnarbeit doch immer mehr an Bedeutung. Auch die Herstellung von Kunsthandwerk, insbesondere die Töpferei und die Schmuckherstellung, ist zu einer wichtigen zusätzlichen Einnahmequelle geworden. Einige Dörfer wie San Ildefonso und Santa Clara erzielen heute bereits den überwiegenden Teil ihres Einkommens durch Lohnarbeit und den Verkauf von Kunsthandwerk.

* Als »pueblo« wird die Wohnanlage der Pueblo-Indianer bezeichnet. In der Übersetzung aus dem Spanischen heißt das »Dorf«.

Taos Pueblo, erbaut in der typischen Adobe-Bauweise. Der Begriff »adobe« bezeichnet sowohl das Baumaterial (die Ziegel) als auch die Gebäude.
Bild links: Bewohner von Taos Pueblo.
Bild oben: Der Chaco Canyon war ein wichtiges Zentrum der Anasazi.
Bild unten: Der Eselspfad nach Sky City (Acoma Pueblo), den ca. 1629 der Franziskaner-Missionar Juan Ramirez anlegte. Er war bis 1957 der einzige Zugang zur Mesa.

DIE KÜCHE DER PUEBLO

Rote-Bohnen-Suppe
Hühnersuppe mit Kürbis
Hühnersuppe mit Pinienkernen
Sommerkürbis-Suppe
Chili-Tomaten-Relish
Chili-Gewürzsauce
Cochita-Bohnensalat
Kürbissalat
Feigenkaktus-Salat
Gemüsetopf
Ausgebackene Kürbisblüten
Gemüseauflauf
Rote Bohnen-Gemüse
Bohnenpüree, gebraten
Möhrengemüse nach Pueblo-Art
Maispastete
Fleischeintopf der Zuni
Fleisch mit grünen Chillies
Geschmorte Hammelkeule
Festtags-Schweinebraten
Gefülltes Hähnchen
Gebratene Babypute
Lammtopf mit Maisklößchen
Taos-Pfirsichpudding
Ofenfrischer Kürbis
Maisgrieß-Schnitten
Weizenkeimpudding
Pikante ausgebackene Brötchen
Maisküchlein
Kürbis-Maisbrot
Gefüllte Hefebällchen
Scharfe Krapfen
Maisbrot mit Salbei
Markknochenaufstrich
Adobe-Brot
Indianische Fladen

Der Haushalt
der Pueblo-Indianer

Fast jeder Pueblo-Haushalt verfügt noch heute über den von den Spaniern übernommenen bienenkorbförmigen Außenofen. Diese ca. 1,50 m hohen Backöfen »los hornos« befinden sich vor dem Haus.
Im Innern des Hauses war die Metatebank ursprünglich das wichtigste Haushaltsgerät. Diese Bank bestand aus einer Reihe von meist drei Reibsteinen, »metates«, mit unterschiedlich gerauter Oberfläche. Mit Hilfe eines Handreibsteins, »mano«, hat man hier den Mais zu Mehl gemahlen. Die frischen Maiskörner wurden zunächst nur grob zerrieben und anschließend in einer flachen Tonschale über dem Feuer getrocknet. Dann wurde der Mahlvorgang auf einem feineren Metate so lange wiederholt, bis das Maismehl den gewünschten Feinheitsgrad erreicht hatte. Vor allem in den Wintermonaten stellten die Frauen größere Mengen von Maismehl her, das in großen Tongefäßen, »ollas«, die man mit Lehm versiegelte, aufbewahrt wurde. Im Sommer wurde außerhalb des Hauses in der »ramada« gekocht. Dieses einfache, auf vier Pfosten errichtete Schattendach dient gleichzeitig als Trockengestell für pflanzliche Produkte.

Rote-Bohnen-Suppe
Pueblo bean soup

Ursprünglich wurde diese Suppe mit Tepary-Bohnen gekocht. Nachdem man diese vor einiger Zeit bei Ausgrabungen wieder entdeckte, gibt es die weißen, roten und gesprenkelten Bohnen jetzt zu kaufen.

Für 5 Portionen

Vorbereitungszeit: 20 Minuten
Zubereitungszeit: 80 Minuten

Zutaten

500 g Hammelfleisch zum Kochen oder fleischige Lammknochen
4 Tassen Wasser
3 Tassen gewürfelte Kartoffeln
1 Tasse fein geschnittene Lauchzwiebeln
1 Knoblauchzehe, gehackt
1 rote Chili mit Kernen, fein geschnitten
2 Tassen rote Bohnen
(entspricht einer 400-g-Dose)
oder eingeweichte rote Bohnen, knapp gegart
1 TL Oregano
Salz nach Geschmack

Zubereitung

Das Hammelfleisch im Wasser 60 Minuten garen. Anschließend das Fleisch würfeln. Das Gemüse in die Bouillon geben und 10 Minuten köcheln lassen.
Die roten Bohnen und das Fleisch in die Suppe geben, mit den Gewürzen abschmecken und gut durchziehen lassen.

Acoma Pueblo: »hornos«, kuppelförmige Backöfen, die vor den Häusern stehen, dienen noch heute zum Backen von Brot u. a.

Hühnersuppe mit Kürbis
Chicken soup with pumpkin

Bereits in vorchristlicher Zeit bauten die Anasazi Kürbisse an. Die Sorte war recht hartschalig; Kürbisse wurden entweder im Ganzen gegart und zum Essen aufgebrochen oder aus dem zu Mus gekochten Fruchtfleisch wurden Küchlein gebacken.

Für 5 Portionen

Vorbereitungszeit: 15 Minuten
Zubereitungszeit: 70 Minuten

Zutaten
1 kleines Suppenhuhn
5 Tassen Wasser
3 EL Erdnussbutter
oder 2 EL Pflanzenöl
1 rote Chilischote mit Kernen, gehackt
1 grüne Paprikaschote, entkernt und gewürfelt
2 Tassen Kürbisfleisch, gewürfelt
1/2 Tasse Zwiebeln
1/2 Tasse Erdnüsse, im Mixer zerkleinert
1 EL frische oder getrocknete Minze
1 TL Ahornsirup
1 Tasse süße Sahne
Salz nach Geschmack

Zubereitung
Das Suppenhuhn in Wasser kochen, die Haut entfernen, das Fleisch würfeln. In der Erdnussbutter oder im Öl Chili und Paprikaschote und Kürbisfleisch mit der Zwiebel andünsten. Mit der Hühnerbouillon und dem gewürfelten Hühnerfleisch auffüllen, alle weiteren Zutaten dazugeben und kurz aufkochen lassen.
Mit Salz abschmecken, falls notwendig, und gut durchziehen lassen.

Hühnersuppe mit Pinienkernen
Chicken soup with piñón

Pinienkerne, die Früchte der Nusskiefern, sind im Südwesten eine sehr beliebte Zutat zu Backwaren und Suppen. Die Suppe ist sehr gehaltvoll!

Für 5-6 Portionen

Vorbereitungszeit: 10 Minuten
Zubereitungszeit: 35 Minuten

Zutaten
1/2 l gute Hühnerbouillon
1 l Milch
1 Gemüsezwiebel oder 3 Frühlingszwiebeln, fein geschnitten
400 g Pinienkerne
Salz und Pfeffer nach Geschmack
1 TL getrocknete Minze, zerrieben
oder frische Minzblätter
gehackte Frühlingszwiebeln zum Bestreuen

Zubereitung
Hühnerbouillon mit Milch, Zwiebeln und Pinienkernen aufkochen. Hitzezufuhr zurücknehmen, Suppe würzen und etwa 30 Minuten köcheln lassen.
Im Mixer pürieren, evtl. nachwürzen und mit gehackten Frühlingszwiebeln bestreuen. Sollte die Suppe zu dick sein, noch etwas Hühnerbouillon zugeben.

Sommerkürbis-Suppe
Summer squash soup

Zu dieser Suppe werden traditionell Tortillas gereicht. Die Tortillas kamen mit den Spaniern nach Mexiko und später zu den Pueblo-Indianern. Es werden Tortillas aus weißem, gelbem oder blauem Maismehl – besonders lecker – gebacken.

Für 5-6 Portionen

Vorbereitungszeit: 15 Minuten (ohne Tortillas)
Zubereitungszeit: 40 Minuten

Zutaten
1 mittelgroße Zwiebel oder
2 Frühlingszwiebeln, gehackt
4 EL Maiskeimöl
1 grüne Paprikaschote, entkernt, gehackt
1 große Fleischtomate, geschält, entkernt, gehackt
2 Squash, entkernt, in Würfel geschnitten
2 TL Chilipulver (nach Wunsch auch mehr)
1 1/2 l Hühner- oder Fleischbouillon
2 EL Maiskeimöl
8 Maistortillas, fertig gekauft, in Streifen geschnitten

Zubereitung
Zwiebelwürfel in der Hälfte des erhitzten Öls anschwitzen, Paprikaschote zugeben und das Gemüse etwa 5 Minuten schmoren. Weiteres Öl zugießen, Tomaten- und Squashwürfel zugeben. Mit Chilipulver würzen. Unter Rühren etwa 5 Minuten garen. Dann die Bouillon zugießen und die Suppe bei aufgelegtem Deckel etwa 25-30 Minuten köcheln.
In einer schweren Pfanne Öl erhitzen, die in schmale Streifen geschnittenen Tortillas darin portionsweise ausbacken. Auf Küchenpapier entfetten. Die Suppe in Schalen verteilen, mit den Tortillastreifen bestreuen.

Chili-Tomaten-Relish
Chili tomato relish

Relish ist ein Mittelding zwischen Marmelade und Salsa. Die Zutaten werden gedünstet oder gekocht und können in Twist-Off-Gläsern für einige Monate kühl aufbewahrt werden.

Für etwa 1/4 l

Vorbereitungszeit: 15 Minuten
Zubereitungszeit: 20 Minuten

Zutaten
2 EL Schmalz
1 mittelgroße Zwiebel, gehackt
1 frische scharfe Chili (z. B. chile jalapeño, siehe Seite 66), fein gehackt
6 frische, milde Chilischoten, entkernt, gehäutet, fein gehackt
oder grüner Spitzpaprika
2 große reife Fleischtomaten
oder 5 Flaschentomaten, gehäutet, entkernt, das Fruchtfleisch gewürfelt
Salz

Zubereitung
Schmalz in einer tiefen Pfanne zerlassen. Zwiebeln und gehackte Chilischoten zugeben, unter Rühren dünsten, bis die Zwiebel glasig ist. Dann das Tomatenfleisch einrühren und noch etwa 5 Minuten mitschmoren.
Nach Geschmack salzen.
Noch heiß in Twist-Off-Gläser einfüllen oder abkühlen lassen und zu pikanten Brötchen oder Tortillas servieren.

Anmerkung
Relishes oder gekochte Salsas – der Begriff stammt aus dem Spanischen und bedeutet ganz einfach Sauce – werden im Südwesten gern zu Fleisch aber auch zu Gemüse und gebratenen Eiern gereicht.

Chili-Tomaten-Relish
Chili tomato relish

Chili Gewürzsauce
Red chili sauce

Chili-Gewürzsauce
Red chili sauce

Zu dieser Sauce kann man chile ancho (frisch: chile poblano) oder rote getrocknete New Mexico-Chilischoten nehmen. Diese Sauce passt zu gegrilltem Fleisch, Brot und Fladen, zu Tortillas, zu rohem Gemüse und zu gekochten Maiskolben.

Vorbereitungszeit: 20 Minuten
Zubereitungszeit: 50-60 Minuten

Zutaten

40 g getrocknete Chilischoten, ohne Stängel und Kerne
2-3 EL Wasser zum Einweichen
etwas Wasser/Hühnerbouillon zum Mixen
2 EL Maiskeimöl
1 Zwiebel, gehackt
1 EL Weizenmehl
1 Tasse Wasser oder Bouillon
1 EL Sonnenblumenkerne, gemahlen
1 Knoblauchzehe, zerdrückt
1 TL Oregano, Salz nach Geschmack

Zubereitung

Die Chilischoten in einer schweren Pfanne ohne Fett 1-2 Minuten rösten. Etwas flach drücken; aufpassen, dass die Schoten nicht zu schwarz werden. Aus der Pfanne in eine Schüssel geben, mit Wasser bedeckt etwa 20 Minuten einweichen. Dann die Schoten in den Mixer geben und mit etwas Flüssigkeit pürieren.
Öl in der Pfanne erhitzen, Zwiebel darin anschwitzen, Mehl darüber streuen und mit Wasser oder Bouillon ablöschen, kurz durchkochen lassen.
Sonnenblumenkerne, Knoblauch und Oregano zugeben und das Chilipüree einrühren; nochmals aufkochen, salzen und die Sauce bei geringer Hitzezufuhr noch etwa 20 Minuten köcheln.

Cochita-Bohnensalat
Cochita bean salad

Zu diesem Bohnensalat eignen sich Pinto- oder Kidneybohnen gut. Im Frühjahr kann man statt Schnittlauch den Bärlauch nehmen, der ähnlich den wilden Zwiebeln der Indianer auf heimischen Wiesen wächst.

Für 3-4 Portionen

Vorbereitungszeit: 15 Minuten
Zubereitungszeit: 10 Minuten
Marinierzeit: mindestens 4 Stunden; besser über Nacht

Zutaten

2 Tassen rote Bohnen aus der Dose (Einwaage 400 g)
2 Tassen frische grüne Bohnen, gekocht, fein geschnitten
2 Schalotten, gewürfelt
1 grüne Paprika, entkernt, gewürfelt
1/2 Tasse Sonnenblumenkerne
1/2 Tasse Maiskeim- oder Erdnussöl
1/2 Tasse Weinessig
2 TL Salz
1 TL schwarzer Pfeffer
4 EL Zucker
1 Bund Schnittlauch oder Bärlauch, fein gehackt

Zubereitung

Alle Zutaten in einer großen Schüssel gut vermengen und über Nacht durchziehen lassen.

Kürbissalat
Pumpkin salad

Zu diesem Salat können sowohl Riesen- als auch Butternuss- oder Melonenkürbis (Squash) verwendet werden. Der Squash soll aus einer Kreuzung von Gurke und Riesenkürbis entstanden sein.

Vorbereitungszeit: 15 Minuten
Zubereitungszeit: 20 Minuten

Zutaten
3 Tassen Kürbisfleisch, gewürfelt – die Rohmenge großzügig bemessen, da durch das Entfernen der Schale und des faserigen Innern etliche Gramm zu Abfall werden
2 Tassen Wasser, leicht gezuckert
2 EL Zitronensaft

Für den Salat:
1 mittelgroße Salatgurke, falls nötig geschält, gewürfelt
2 Fleischtomaten, gehäutet und gewürfelt
2 grüne Chilischoten, entkernt, fein gehackt
1/2 Tasse Pinienkerne

Für die Sauce:
3 EL Maiskeimöl
3 EL Weinessig
Salz und Pfeffer nach Geschmack
4 EL Petersilie, gehackt

Zubereitung
Kürbiswürfel in leicht gezuckertem Wasser mit Zitronensaft etwa 10 Minuten garen, abtropfen lassen. Dann mit allen anderen Zutaten vermischen. In einer großen Schüssel die Sauce anrühren, die Salatzutaten gut damit vermengen und etwa 10 Minuten durchziehen lassen. Mit Petersilie überstreut servieren.

Feigenkaktus-Salat
Prickly pear salad

Im Südwesten mit seinem heißen, trockenen Klima gedeihen etliche Kakteenarten, die unterschiedlich genutzt werden. Der Feigenkaktus liefert nicht nur die Kaktusfeigen (z. B. für Gelee), sondern auch die sogenannten »Nopales«, die »Blätter«, oder genauer die Glieder der Pflanze.

Für 5-6 Portionen

Vorbereitungszeit: Dosenware 5 Minuten; frische Nopales 15 Minuten
Zubereitungszeit: 10 Minuten
Marinierzeit: 30 Minuten

Zutaten
1 Dose Nopales, 450 g, in Salzlake konserviert, oder 2-3 frische Nopales
1/2-1 TL rotes Chilipulver
2 EL Zitronen- oder Limettensaft
1 EL flüssiger Honig, Salz
4 EL Maiskeimöl
gewaschene und abgetropfte Salatblätter

Zubereitung
Konservierte Nopales unter kaltem Wasser abspülen, gut abtropfen lassen; frische Nopales waschen, nach eventuell noch vorhandenen Stacheln absuchen, dann mit einem Kartoffelschäler dünn abschälen und mit einem scharfen Messer die Kanten beschneiden. Noch einmal gründlich waschen, das Gemüse in schmale Streifen schneiden und in leicht gesalzenem Wasser etwa 5 Minuten garen, abtropfen lassen.
Chilipulver mit Zitronensaft und Honig verrühren, eventuell etwas Salz zufügen und mit dem Öl vermischen. Die Nopales darin etwa 30 Minuten ziehen lassen.
Eine Schüssel mit Salatblättern auslegen, darauf die marinierten Nopales anrichten.

Ackerbau im Tal des Rio Grande

Vor dem Eintreffen der Europäer bildeten Ackerbau und Jagd die wichtigsten Aktivitäten zur Nahrungsbeschaffung. Mit der Ankunft der Spanier und der Einführung von Zugtieren, neuen Pflanzen und neuen Arbeitstechniken konnte der Ackerbau jedoch intensiver betrieben werden, sodass der Anteil der Jagd an der Nahrungsversorgung immer mehr zurückging.

Mit zunehmender Kolonisierung und der Besiedlung des Pueblo-Gebietes durch die Euroamerikaner sank die Jagd schließlich zur Bedeutungslosigkeit herab. Das Sammeln wild wachsender Pflanzen geschah in erster Linie zu medizinischen Zwecken. Zu bestimmten Jahreszeiten hatte der Fischfang eine größere Bedeutung. Die Viehhaltung spielte für die Nahrungsversorgung keine große Rolle. Pferde, Ochsen und Esel wurden in erster Linie als Zug- und Lasttiere verwendet. Lediglich Schafe und Ziegen wurden wegen ihrer Wolle und zur Milchgewinnung gehalten. Die Bearbeitung des Bodens und das Pflanzen von Mais, Bohnen und Kürbissen wurde ursprünglich mit einfachen Holzgeräten durchgeführt: dem Grabestock und der Hacke. Die wichtigste von den Spaniern eingeführte Nahrungspflanze war der Weizen, der schon bald neben dem Mais zum Grundnahrungsmittel wurde. Aus Europa eingeführte Wassermelonen fanden so schnell Eingang in die Landwirtschaft der Pueblos, dass sie von den Indianern schon bald als eines ihrer ursprünglichen Agrarprodukte angesehen wurden. Andere von den Europäern mitgebrachte Anbaupflanzen – sowohl aus Südamerika als auch aus der »Alten Welt« – wie Chillies, Tomaten, verschiedene Kohlsorten, Pfirsiche, Aprikosen, Zitrusfrüchte und Äpfel sind ebenfalls aus der Landwirtschaft der Pueblos nicht mehr wegzudenken.

Die von den Spaniern benutzten neuen Werkzeuge und Zugtiere veränderten die Anbaumethoden erheblich. Die Hacke aus Metall, der Rechen, die Heugabel, die Schaufel und schließlich der Pflug erlaubten es, die kultivierten Flächen auszudehnen und das Bewässerungssystem zu vergrößern. Wagen und Tragtiere erweiterten die Transportmöglichkeiten. Der Ackerbau war ausschließlich eine Sache der Männer. Lediglich beim

Pflanzen und bei der Ernte halfen auch Frauen mit. Ende Januar oder Anfang Februar wurden in den Pueblo-Dörfern verschiedenen Rituale durchgeführt, durch die die religiöse Verantwortung innerhalb eines Dorfes von den »Winterleuten« auf die »Sommerleute« übertragen wurde. Diese Rituale dienten nicht nur der Fruchtbarkeit, sondern markierten gleichzeitig den Beginn eines neuen agrarischen Zyklus. Die Aussaat fand im April oder Mai statt und der Monat Mai wurde als der »Monat des Maispflanzens« bezeichnet. Der genaue Termin wurde vom Dorfoberhaupt festgelegt und niemand durfte vor dieser Zeit mit dem Pflanzen beginnen. Heute werden diese speziellen Rituale nicht mehr durchgeführt und jeder Indianer beginnt mit der Aussaat, wenn er es für richtig hält.

Auch für das Einbringen der Ernte gab es ursprünglich strenge Vorschriften. Der Tag des Erntebeginns wurde wieder vom Dorfoberhaupt bestimmt, ein Nichtbeachten seiner Anordnungen zog strenge Strafen nach sich. Heute gibt es diese Erntevorschriften nicht mehr und jeder Indianer kann auch den Zeitpunkt der Ernte selbst bestimmen. Die Ernte war nicht nur durch Dürre, sondern auch durch zahlreiche Schädlinge bedroht. Gegen Würmer und Insekten, vor allem Heuschrecken, ließ sich nicht viel ausrichten. Vögel und Nagetiere versuchte man durch das Aufstellen von Vogelscheuchen und das Auslegen von Schlingen zu vertreiben bzw. unschädlich zu machen. Auch Feldwächter, mit Pfeil und Bogen oder Gewehr, wurden zur Vertreibung der Schädlinge eingesetzt.

Der Rio Grande (Großer Fluss), entspringt in Colorado, durchfließt New Mexico und mündet schließlich in den Golf von Mexiko. Die Abbildungen zeigen den Fluss westlich und südwestlich von Taos.

Sommerkürbissuppe
Summer squash soup

Ausgebackene Kürbisblüten
Deep fried squash blossoms

Gemüsetopf
Mixed vegetables

Nachfahren der ersten spanischen Siedler kultivierten nördlich von Santa Fe (New Mexico) den »Chimayo-Chili«. Diese Sorte heißt in Kalifornien »Anaheim-Chili«. Die erstere hat jedoch mehr Aroma.

Für 3 Portionen

Vorbereitungszeit: 15 Minuten
Zubereitungszeit: 20 Minuten

Zutaten
1 große Zwiebel, gewürfelt
3 EL Maiskeimöl
5 grüne Chilis, entkernt, gehackt
2 große Fleischtomaten, gehäutet u. gewürfelt
1 Tasse Salatgurke, geschält und gewürfelt
2 1/2 Tassen Mais, gegart oder aus der Dose
3 EL Erdnüsse, fein gemahlen
Salz nach Geschmack

Zubereitung
Die Zwiebel im erhitzten Öl andünsten. Chillies, Tomaten, Salatgurke dazugeben und 10 Minuten köcheln lassen, dann den Mais unterheben, mit Erdnüssen überstreuen und nochmals aufkochen lassen. Mit Salz abschmecken.

Ausgebackene Kürbisblüten
Deep fried squash blossoms

Kürbisblüten spielen in den religiösen Zeremonien der Pueblo eine Rolle als heiliges Symbol – aber sie werden auch als Delikatesse gerne zubereitet. An Festtagen schmücken die Frauen damit das Brot, das aus rituellen Gründen im »el horno« gebacken wird.

Als Vorspeise für 6 Portionen

Vorbereitungszeit: 15 Minuten
Zubereitungszeit: 30 Minuten

Zutaten
24 Kürbisblüten, auch Zucchiniblüten sind möglich, möglichst männliche Blüten (diese sind größer und haben einen längeren Stiel)
Ausbackteig
200-250 g feines Maismehl
knapp 1/8 l Milch
2-3 Eier, je nach Größe
1/2 TL Salz, 1 Prise Kreuzkümmel
1 TL Chilipulver
gutes Pflanzenöl zum Ausbacken

Zubereitung
Kürbisblüten gut ausschütteln, Kelchblättchen entfernen und evtl. mithilfe einer Schere die Staubgefäße herausschneiden. Die Blüten leicht drehen, damit sie zusammenhalten. Die Hälfte des Mehls in eine Schüssel sieben, mit der Milch verrühren. Die Eier trennen, Eigelb mit der Mehlmischung glatt rühren, Eiweiß mit Salz zu einem steifen Schnee schlagen. Kreuzkümmel und Chili in den Teig einarbeiten, Eischnee unterziehen. Die Blüten einzeln in den Teig tauchen, anschließend durch das übrige Mehl ziehen, kurze Zeit ruhen lassen. In einer Fritteuse oder in ei-nem hohen Topf das Öl auf 180° C erhitzen. Die Blüten nacheinander goldgelb frittieren und auf Küchenkrepp abtropfen lassen. Warm stellen, bis alle Blüten ausgebacken sind.

Bohnen, Mais und Kürbis

Bohnen wurden nicht nur als Nahrungsmittel, sondern auch wegen ihres Wertes als Handelsware für die Spanier und Amerikaner angebaut. Die Pueblos kannten verschiedene Sorten, die beliebtesten waren die Tepary-Bohnen (weiß, rot und gesprenkelt). Bei der Bohnenernte wurden die ganzen Pflanzen aus der Erde gerissen. Man ließ sie mehrere Tage zum Trocknen liegen. Dann trieb man Vieh, Pferde oder Schafe über die Pflanzen, um dadurch die Bohnen aus den Schoten zu entfernen. Nach dem Trocknen wurden die Bohnen in Säcken oder Töpfen auf dem Dach aufbewahrt.

Mais wurde schon im 1. vorchristlichen Jahrhundert im Siedlungsgebiet der Pueblo-Indianer kultiviert. Er war nicht nur in wirtschaftlicher, sondern auch in religiöser Hinsicht die bedeutendste Anbaupflanze. Man unterschied sechs Hauptsorten nach ihrer Farbgebung, der jeweils eine Himmelsrichtung und eine der Farbe entsprechende Maisjungfrau (z. B. »Blue Corn Maiden«) zugeordnet war: blau = Norden, gelb = Westen, rot = Süden, weiß = Osten, bunt = Zenith (höchster Sonnenstand), schwarz = Nadir (tiefster Sonnenstand). Die Pueblo-Indianer bauen noch heute mehr als ein Dutzend in ihrer Färbung und Kolbengröße sehr unterschiedliche Maissorten an. Die Zahl der Körnerreihen variiert dabei zwischen 10 und 18. Verwandte und Freunde arbeiteten bei der Maisernte zusammen und halfen sich gegenseitig. Die frisch geernteten Maiskolben wurden von den Frauen enthülst und zum Trocknen ausgelegt. Nach dem Trocknen wurden die Kerne vom Kolben entfernt und in Vorratsbehältern aufbewahrt. Frische oder getrocknete Maiskörner heißen »hominy«, ein Begriff der aus dem Algonkin kommt, aber »amerikanisiert« wurde. Die Maiskörner wurden früher – ähnlich wie bei den Azteken (s. d.) – mit ungelöschtem Kalk oder Hartholzasche in Wasser eingeweicht, bis sich die äußere Haut ablösen ließ. Danach wurde Hominy gründlich durchgespült und dann gekocht oder gemahlen. Oder man trocknete es nur zur Lagerung. Im Südwesten wird dieses Mehl oft »posole« genannt. Die Hopi-Indianer bevorzugten »chamisa bush«-Asche, die Navajo hingegen die Asche von Wacholderzweigen.

Kürbisse wurden in vielen Arten kultiviert; der Gartenkürbis war wegen seiner Kerne und seines Fleisches geschätzt. Eine weitere beliebte Sorte war birnenförmig und grün mit weißen Streifen (in der Form dem Butternusskürbis ähnlich). Er wurde bis zu 60 cm lang. Kürbisse wurden entweder ganz aufbewahrt oder in Streifen geschnitten und getrocknet. Da Kürbisse in einer großen Vielfalt vorkommen, sei hier nur auf die Hauptsorten hingewiesen: »Winter- oder Speisekürbis« (auch Riesenkürbis) ist lange haltbar, das Fleisch ist meist gelb oder orangefarben. »Sommerkürbisse« (Gartenkürbisse), zu denen auch der Squash gehört, wachsen schneller, haben eine weiche, dünne Schale und festes Fleisch; sie sind etwa 3 Wochen haltbar.

Gemüseauflauf
Vegetable pudding

Die Zucchini stammen wie viele andere Kürbisarten vom Riesenkürbis ab; die Heimat ist Südamerika, Mexiko und Westindien. Zucchini sind die fleischigen Beerenfrüchte einer nicht kriechenden, kurzstämmigen Pflanze.

Für 3-4 Portionen

Vorbereitungszeit: 20 Minuten
Zubereitungszeit: 45 Minuten

Zutaten
2 mittelgroße rote oder weiße Zwiebeln, gewürfelt
2 EL Maiskeimöl
2 große Zucchini, in Scheiben geschnitten
1 rote Paprika, entkernt, in Streifen geschnitten
1 Tasse Gemüsemais, gegart
2 mittelgroße Fleischtomaten, gehäutet und in Scheiben geschnitten
3 EL Pinienkerne
1 TL Chilipulver
1 TL Oregano
1/4 TL Kreuzkümmel
2 EL Butter, als Flöckchen
1/2 Tasse zerkrümelter Schafskäse

Zubereitung
Die Zwiebeln im Öl glasig dünsten. Alles Gemüse, auch die angedünsteten Zwiebeln, in eine gefettete Auflaufform schichten. Die Gewürze dazwischen verteilen. Backofen auf 200° C vorheizen. Die Auflaufform auf den Rost (2. Schiene von unten) setzen. Das Gemüse mit Butterflöckchen belegen und den Schafskäse darüber verteilen; 35 Minuten backen.

Rote Bohnen-Gemüse
Red beans

Nach dem nachstehenden Rezept lassen sich auch eingeweichte Kichererbsen zubereiten. Im Gegensatz zu den meisten in Amerika heimischen Bohnenarten stammt die Kichererbse aus dem vorder- und südwestasiatischen Raum und kam mit den Spaniern ins Land.

Für 3 Portionen

Vorbereitungszeit: 15 Minuten
Zubereitungszeit: 45 Minuten; im Dampfdrucktopf 30 Minuten

Zutaten
2 Tassen rote Bohnen
2 Tassen Wasser
4 Scheiben geräucherter Bauchspeck, gewürfelt
1 große Zwiebel, gehackt
1 Knoblauchzehe, gehackt
2-3 TL rotes Chilipulver (nach Geschmack)
1 TL Salz

Zubereitung
Die Bohnen über Nacht in Wasser einweichen; am nächsten Tag mit dem Einweichwasser garen.
Oder die Bohnen mit kaltem Wasser aufsetzen, 2 Minuten ohne Salz kochen und dann eine Stunde im Topf stehen lassen. Anschließend in frischem Wasser garen.
Den Speck auslassen, Zwiebel und Knoblauch darin glasig dünsten.
Die Bohnen gut abtropfen lassen, in die Speckmischung geben und mit Chilipulver und Salz würzen.
Heiß servieren!
Tipp: Mehr Bohnen kochen und aus dem Rest Bohnenpüree bereiten, siehe Rezept Seite 115.

Saguaro- und andere Kakteen prägen die Landschaft in Süd-Arizona.

Klippenwohnungen der Anasazi in Mesa Verde.

Bilder rechts: Acoma Pueblo

Bohnenpüree, gebraten
Mashed beans

Dies ist eine von vielen Bohnenzubereitungen der Pueblo. Oft wird es der mexikanischen Küche zugeordnet – doch viele mexikanische Spezialitäten entspringen der Küche der Indianer des Nordens.

Für 4-6 Portionen

Vorbereitungszeit: 10 Minuten
Zubereitungszeit: 20 Minuten

Zutaten

2 Tassen gegarte rote Bohnen
oder Bohnen aus der Dose verwenden
3 EL Schweineschmalz
1 mittelgroße Zwiebel, fein gehackt
Salz nach Belieben
geriebener Käse nach Belieben

Zubereitung

Die gegarten Bohnen gründlich zerstampfen oder zerdrücken, nicht pürieren – sonst bekommen sie eine zu feine Konsistenz.
In einer großen schweren Pfanne das Schmalz langsam erhitzen. Zwiebel zugeben, kurz anschwitzen, dann das Püree einrühren und bei mittlerer Hitzezufuhr so lange braten, bis das Fett von den Bohnen aufgesaugt ist. Gelegentlich umrühren. Nach Geschmack salzen und eventuell geriebenen Käse dazu servieren.

Möhrengemüse nach Pueblo-Art
Pueblo carrots

Die Möhre war als wild wachsende Wurzel vielen Völkern bekannt, heutzutage wird sie kultiviert. Der Estragon wächst wild an trockenen Standorten. Er gehört zur Gruppe der Beifußgewächse, die sich durch einen hohen Gehalt an Bitterstoffen und ätherischen Ölen auszeichnen.

Für 4-5 Portionen

Vorbereitungszeit: 25 Minuten
Zubereitungszeit: 30 Minuten

Zutaten

1 kg Möhren, halbweich gegart
4 EL Butter
2 TL brauner Zucker
1 TL Estragonblättchen
1 Tasse Orangensaft
Salz nach Geschmack

Zubereitung

Die Möhren in nicht zu dicke Scheiben schneiden. Butter in einem Topf zerlassen. Zucker zugeben, leicht anbraten. Möhren einlegen, umrühren, Topf zudecken und das Gemüse sanft etwa 20 Minuten garen. Estragonblättchen darüber streuen, mit Orangensaft übergießen, ohne Deckel noch 5 Minuten köcheln, zuletzt nach Geschmack salzen.

Maispastete
Corn pastry

Der blaue Mais, kleine gedrungene Kolben, wird besonders von den Hopi-Indianern geschätzt; sie werden sogar »die Menschen des blauen Maises« genannt. Ihre Nachfahren bauen ihn noch heute – fernab ihrer Siedlungen auf den »Mesas« (Hochebenen) – in den fruchtbaren Tälern an.

Für 4-6 Portionen

Vorbereitungszeit: 45 Minuten
Zubereitungszeit: 60 Minuten

Zutaten

Für den Teig:

1 Tasse Maismehl – falls erhältlich: blaues Mehl
3 Tassen Weizenmehl
1 Ei, 1/2 TL Salz
1 Päckchen Backpulver
Wasser nach Bedarf

Für die Füllung:

2 EL Maiskeimöl
2 große Zwiebeln, gehackt
2 Tassen gekochtes Rindfleisch, gewürfelt
3 Tassen Zucchiniwürfel
2 Fleischtomaten, gehäutet, gewürfelt
1 Tasse Mais (Dose)
1 Knoblauchzehe, zerdrückt
je 1 TL Salz und grüne Pfefferkörner (eingelegt)
1/2 TL Chilipulver
1/2 Tasse Pinienkerne, fein gemahlen
1/2 Tasse Schafskäse, zerkrümelt

Zubereitung

Für den Teig alle Zutaten zu einem ausrollbaren Teig verarbeiten. 3/4 der Teigmenge ausrollen, in eine gefettete runde Backform drücken – die Ränder sollten überstehen. Das restliche Teigstück als Deckel für die Form ausrollen.

Öl in einer Pfanne erhitzen, Zwiebel darin anschwitzen. Alle übrigen Zutaten einschließlich der Gewürze zugeben und kurz schmoren lassen. Pinienkerne darüber streuen, umrühren und die Füllung etwas abkühlen lassen. Dann in die mit Teig ausgelegte Form einfüllen, mit Schafskäse bestreuen und die restliche Teigplatte darüber decken. Die Ränder gut andrücken; Pastete mit Wasser bepinseln. Im vorgeheizten Backofen bei 180° C etwa 45 Minuten backen.

Maispastete
Corn pastry

Kachina-Puppe

Kachinas repräsentieren heilige Wesen, die u. a. auch regenbringende Ahnengeister aus den Bergen darstellen. Männer mit Masken und Bemalung treten bei rituellen Festen auf. Die Tänzer werden sehr geachtet – drücken sie doch das Wesen und die magische Kraft der Natur aus.

Die Jagd

Die Jagd spielte in der ursprünglichen Ökonomie der Pueblos eine recht bedeutende Rolle, wurde in historischer Zeit durch die Einführung europäischer Anbaumethoden jedoch immer mehr verdrängt.
Die wichtigsten Jagdtiere waren Hirsche, Bisons, Antilopen und Hasen. Diese lieferten nicht nur den überwiegenden Teil der Fleischnahrung, sondern auch die Häute für Kleidung und andere Zwecke.
Eine geringere Rolle bei der Jagd spielten Bären, Bergschafe, Pumas, Wildkatzen, Nagetiere und einzelne Vogelarten.

Die Besiedlung des Pueblo-Gebietes durch Spanier und Angloamerikaner und die Verwendung moderner Feuerwaffen führte zu einer fast vollständigen Ausrottung von Bisons und Antilopen und reduzierte die Anzahl anderer Jagdtiere auf ein Minimum. Die Einführung der Viehhaltung schließlich machte die Jagd als Nahrungsquelle immer überflüssiger.
Während die Jagd somit in wirtschaftlicher Hinsicht zur Bedeutungslosigkeit herabsank, nimmt sie im religiösen Leben der Pueblo-Indianer immer noch einen wichtigen Platz ein. Jagdrituale sind nach wie vor ein untrennbares Attribut des Kachina-Kultes.
Die Verbindung von Jagd und Ritual war der wichtigste Grund dafür, dass die verschiedenen Techniken und Verhaltensweisen, die bei der Jagd eine Rolle spielten, auch weiterhin am Leben erhalten blieben.
Bei der den Kachina-Tänzen vorausgehenden zeremoniellen Jagd waren alle Männer der betreffenden Dorfhälfte, die das Ritual durchführte, beteiligt. In diesem Falle wurde das Wild durch Einkreisen gestellt. Ansonsten bestand eine Jagdgruppe aus zwei bis vier miteinander verwandten Männern aus dem gleichen Haushalt, die das Wild mit Hilfe von Hunden aufspürten und erlegten.
Das Jagen war meist von bestimmten vorgeschriebenen Verhaltensweisen und rituellen Opfergaben begleitet. Von einem Jäger wurde zumindest erwartet, dass er vor dem Aufbruch zur Jagd badete und dass er beim Entfernen der Eingeweide bestimmte rituelle Vorschriften beachtete. Je größer und gefähr-

licher das Jagdtier war, umso umfangreicher waren die Verhaltensvorschriften. Daher waren die vorbereitenden Rituale für die Bärenjagd am umfangreichsten.
Bei den Pueblo-Indianern war die Vorstellung verbreitet, dass die Tiere selbst den Erfolg oder Fehlschlag einer Jagd bestimmten. Deshalb stellte jede Abweichung von den vorgeschriebenen Verhaltensweisen den Jagderfolg in Frage, d. h. das Wild erlaubte nicht, dass es getötet werde. Damit ging die Vorstellung einher, dass das erlegte Wild nicht starb, sondern »wiedergeboren« wurde, um dadurch den Kreislauf der Natur aufrecht zu erhalten und die ständige Versorgung der Indianer mit Nahrung zu gewährleisten.
Das erlegte Wild wurde meist gegrillt oder auf dem Rost über der Glut gebraten.Es ist kurios, dass fast jedes Indio- und Indianervolk von Süd- bis Nordamerika für sich in Anspruch nimmt, das Grillen oder »Barbecue« erfunden zu haben. Barbecue soll ursprünglich von »brabacot« stammen; das meint ein Grillgitter aus grünen Ästen. Die Spanier machten daraus »barbacoa« – und die Engländer schließlich »barbecue«.
Während der Zeit der Wintersonnwende bestand für alle Jagdtiere eine Schonzeit, in der das Jagen verboten war. Man glaubte sogar, dass die Waffen in dieser Zeit unbrauchbar seien.
In den meisten Pueblo-Dörfern existierten Jagdgesellschaften (als Teil eines ganzen Komplexes von Kultgenossenschaften) mit einem Priester als Oberhaupt, die die Jagdrituale überwachten. Der einzelne Jäger sucht vor einer Jagd Unterstützung bei dieser Zeremonien-Organisation in dem Bewusstsein, dass diese die notwendigen Rituale durchführen wird, die ihm den Jagderfolg garantieren. Heute wird die Jagd bei den Pueblo-Indianern in erster Linie als Sport ausgeübt und ein erfolgreicher Jäger kann damit sein individuelles Prestige in seiner Gemeinschaft erhöhen.
Vögel wie Enten, Gänse, Moorhühner, Wachteln und wilde Truthühner wurden nicht nur ihres Fleisches wegen, sondern auch zur Gewinnung von Federn gejagt. Adler hingegen wurden ausschließlich ihrer Federn wegen gejagt oder gefangen. Die Federn fanden vor allem bei den zahlreichen Tanzkostümen der Indianer Verwendung, z. B. beim Adlertanz.

Die Pueblo-Indianer am Rio Grande betrieben in früheren Zeiten auch Fischfang. Der Rio Grande und seine Nebenflüsse beherbergten zahlreiche Fischarten, darunter Karpfen, Wels und Aal. In den Gebirgsbächen gab es verschiedene Forellenarten. Die Fische wurden geangelt oder mit Pfeilen erlegt, größere Mengen in Gemeinschaftsaktionen mit dem Netz gefangen. Wenn ein Überschuss vorhanden war, wurden die im Ofen gebackenen Fische getrocknet und waren so längere Zeit haltbar. Heute hat das Fischen für die Pueblo-Indianer nur noch sportlichen, keinen ökonomischen Charakter mehr.

Als die Spanier im späten 15. Jahrhundert nach New Mexico kamen, lebten die Pueblo-Indianer von der Jagd und dem Fruchtanbau – bereits damals wurde Kürbis in großem Umfang im Tal des Rio Grande angebaut. Etwa zu dieser Zeit machte sich ein Volk, das ursprünglich in Westkanada beheimatet war, auf den Weg nach Süden. Die Navajos oder Navahos, wie die nomadisierenden Jäger hießen, ließen sich teilweise in den Bergen nieder – diese wurden später Apachen genannt – und teilweise siedelten sie in der Nähe der Pueblos – sie heißen »Dineh«, das heißt das Volk.

Die Pueblo-Indianer lebten zu dieser Zeit bereits seit 1000 Jahren in diesem Gebiet. Die Navajos übernahmen etliche Elemente aus dem Leben der Pueblos.

Ende des 16. Jahrhunderts gründete ein Franziskaner aus dem Gefolge von Don Juan de Oñate die erste feste spanische Siedlung in New Mexico. Von den Spaniern übernahmen die Navajos Herden – sie wurden nur teilweise sesshaft; an wasserreichen Stellen bauten sie Hogans, betrieben Ackerbau und sammelten Pinienkerne. Ende des 17. Jahrhunderts erhoben sich die Pueblo-Indianer gegen die spanischen Besetzer. Aus Furcht vor einer Rückkehr der Spanier in ihr Gebiet, schlossen sie sich mit den Navajos zusammen. Diese wiederum nutzten die zurückgelassenen Pferde der Spanier zur Zucht.

Dieser Zusammenschluss bewirkte, dass die Dineh die Webkunst erlernten und den Ackerbau vervollkommneten. Darüber hinaus sind sie ausgezeichnete Silberschmiede.

Übrigens waren getrocknete Pfirsiche bei den Navajos eine beliebte Handelsware – spanische Priester hatten die Pflanze zu Beginn des 17. Jahrhunderts in New Mexico eingeführt!

Das heutige Siedlungsgebiet der Navajos ist das volkreichste Reservat in den USA; am bekanntesten ist die Gegend um den Canyon de Chelly – ganz anders, beinahe mystisch, ist der trockenste und heute unbewohnte Platz: Painted Desert oder Painted Hills (siehe unten).

Fleischeintopf der Zuni
Zuni-Succotash

Fleischeintopf der Zuni
Zuni-Succotash

Der Name »Succotash« leitet sich von dem Wort »Misckquatash« ab, das soviel wie »ein ganzer Maiskolben« bedeutet. Dieses bekannte Gericht stammt eigentlich aus nördlicheren Gefilden, erfreut sich jedoch bei den Zuni großer Beliebtheit.

Für 5 Portionen

Vorbereitungszeit: 20 Minuten
Zubereitungszeit: 45 Minuten

Zutaten
400 g mageres Rind-, Schweine- oder Hirschfleisch, gewürfelt
2 EL Maiskeimöl
2 Zwiebeln, gehackt
2-3 TL Chilipulver
3 Tassen frische Stangen- oder Brechbohnen, in kurze Stücke geschnitten
2 Tassen frische Maiskörner, am besten von noch grünem Zuckermais (falls nicht verfügbar Dosenware)
2 Tomaten, gehäutet, entkernt und gehackt oder wenig Wasser
2 EL Erdnüsse oder Sonnenblumenkerne, im Mörser zerstoßen
Salz und Pfeffer nach Geschmack

Zubereitung
Fleischwürfel mit Küchenkrepp gut trocken tupfen, im erhitzten Öl rundum anbräunen, Zwiebel und Chilipulver zugeben, unter Rühren mitbräunen. Bohnen, Mais, Tomatenwürfel einrühren (oder wenig Wasser), das Gericht 25-30 Minuten köcheln lassen. Erdnüsse oder Sonnenblumenkerne zufügen, mit Salz und Pfeffer abschmecken, gut umrühren und noch etwa 15 Minuten bei geringer Hitzezufuhr einköcheln.

Fleisch mit grünen Chillies
Beef with green chili

Dieses Gericht sieht die Verwendung von milden und scharfen Chilischoten vor. Wir empfehlen die Sorten »poblano« oder »jalapeño« und »serrano« (siehe auch Seite 66)! Bevor Chilischoten im Feldbau angepflanzt wurden, nahm man die wild wachsenden, kleinen »chiltepin«-Schoten (auch »piquin« genannt) zum Würzen.

Für 6 Portionen

Vorbereitungszeit: 40 Minuten
Zubereitungszeit: 1 1/2 Stunden

Zutaten
500 g Rindfleisch, in Streifen geschnitten
2 EL Mehl
4 EL Maiskeimöl
2 große Zwiebeln, in Ringe geschnitten
2 Tassen Wasser oder Bouillon
6 grüne milde Chillies, in Ringe geschnitten
1-2 frische oder eingelegte scharfe Chillies
2 Zucchini, in Scheiben geschnitten
4 Tomaten, enthäutet, in Scheiben geschnitten
2 Tassen Mais, gegart oder gleiche Menge Kichererbsen aus der Dose
2 EL Pinienkerne
1 Prise Kreuzkümmel, gemahlen
Salz nach Geschmack
1/2 TL Oregano, getrocknet – aus Mexiko

Zubereitung
Rindfleischstreifen leicht bemehlen, überschüssiges Mehl abschütteln. Das Rindfleisch in heißem Öl mit den Zwiebeln bräunen, mit Wasser oder Bouillon auffüllen und 30 Minuten schmoren lassen. Dann Chillies, Zucchini, Tomaten und Mais unterheben und 15 Minuten köcheln lassen. Pinienkerne, Salz, Kreuzkümmel und Oregano zugeben, durchziehen lassen.

Geschmorte Hammelkeule
Braised mutton leg

Hammel- und Lammfleisch, von den Spaniern im Südwesten eingeführt, werden gern geschmort oder zu Eintopfgerichten genommen. Wird weniger Gemüse gewünscht, kann der Braten noch mit Maisklößchen angereichert werden (Rezept Seite 129).

Für 4-5 Portionen

Vorbereitungszeit: 45 Minuten
Zubereitungszeit: 80 Minuten

Zutaten
1 kg Hammel- oder Lammkeule
Für die Marinade:
2 TL Salz
1 TL Pfeffer
2 EL frische Minze, gehackt
1 Knoblauchzehe, zerdrückt
1 Tasse Maiskeimöl

2 große Zwiebeln, in Ringe geschnitten
1 Tasse Möhren, in Scheiben geschnitten, einschließlich der zarten Blättchen
3 Tassen Kartoffeln, gewürfelt
oder 2 Tassen schwarze Bohnen, gekocht
Lammbouillon oder Fleischbrühe

Zubereitung
Die Hammel- oder Lammkeule trocken tupfen, wenn nötig parieren. Alle Zutaten zur Marinade vermischen (das geht sehr gut in einem großen Mörser), die Keule damit zwei Tage marinieren. Den Backofen auf 220° C vorheizen. Die Keule samt Marinade in einen Bräter legen und etwa 50 Minuten braten, bei Bedarf Bouillon zugießen. Dann alle vorbereiteten Gemüse um den Braten legen, falls nötig, noch Flüssigkeit nachfüllen, und die Keule mit Gemüse in 30 Minuten fertig braten.

Festtags-Schweinebraten
Sunday pork roast

Bevor die Spanier ins Land kamen, gab es in der Gegend des heutigen New Mexico nur Wildschweine. Darüber berichtete Pedro de Castañeda, der in den Vierziger Jahren des 16. Jahrhunderts den amerikanischen Südwesten besuchte.

Für 5 Portionen

Vorbereitungszeit: 30 Minuten
Zubereitungszeit: 80 Minuten

Zutaten
1 kg Schweinebraten mit Schwarte
1 TL mildes Paprikapulver
1 TL Kardamon, 1 TL Salz, 1 TL Kreuzkümmel
4 EL Maiskeimöl oder Schmalz
2-3 Tassen Wasser oder Bouillon
2 Schalotten, fein gehackt
1/2 Tasse Chillies ohne Kerne, fein gehackt
Für die Sauce:
1 Knoblauchzehe, fein zerdrückt
1 Tasse gehackte Tomaten
1 Tasse süße Sahne, 1/2 TL Chilipulver
1/2 Tasse fein gemahlene Pinienkerne
1 Tasse Rosinen

Zubereitung
Die ersten vier Gewürze vermengen und damit den Braten rundum gründlich einreiben, Schwarte quadratisch einschneiden. In einem Bräter das Fett erhitzen, das Fleisch von allen Seiten anbraten, mit Wasser oder Bouillon auffüllen und eine Stunde schmoren lassen. Schalotten und Chillies dazugeben und weitere 10 Minuten schmoren lassen. Aus den restlichen Zutaten eine cremeähnliche Sauce herstellen, zum Braten gießen; noch 10 Minuten schmoren. Zuletzt die Rosinen zufügen. Das Fleisch in Scheiben schneiden und in der Sauce gut durchziehen lassen.

Festtags-Schweinebraten
Sunday pork roast

Gefülltes Hähnchen (oder Poularde)
Stuffed chicken

Für die Füllung der Poularde kann je nach Marktangebot das Gemüse variieren. Sollte eine Bindung gewünscht werden, altbackenes Brot, eingeweicht in heißem Wasser und wieder ausgedrückt, sowie ein kleines Ei in die Füllung einarbeiten.

Für 3-4 Portionen

Vorbereitungszeit: 20 Minuten
Zubereitungszeit: 90 Minuten

Zutaten
1 Poularde, küchenfertig vorbereitet (falls Innereien vorhanden sind, diese zu einer Brühe verwenden und damit die Poularde begießen)
Für die Füllung:
3 mittelgroße Zwiebeln, gehackt
1 Lauchzwiebel, fein geschnitten
4 mittelgroße Möhren, in Streifen geschnitten
1 Stange Bleichsellerie, gehackt
1 große grüne Chili, entkernt, fein geschnitten
1 TL Salz, 1/2 TL Chilipulver

knapp 1 Tasse Butter
1/2 Tasse Sonnenblumenkerne oder Pinienkerne,
grob oder fein gemahlen, nach Geschmack
1 Tasse süße Sahne

Flüssigkeit zum Begießen: heißes Wasser oder Poulardenbrühe

Zubereitung
Zuerst die Füllung vorbereiten und den Backofen auf 220° C vorheizen.
Das Gemüse mit Salz und Chilipulver vermischen. Die Poularde mit der Gemüsemasse füllen und mit einem Zahnstocher die Öffnung schließen. Den eventuellen Rest der Füllung beiseite stellen.
Die Poularde mit einem Teil der Butter bestreichen, mit der Brust nach unten in einen Bräter legen, heißes Wasser angießen und ca. 30 Minuten im Ofen braten. Evtl. heißes Wasser nachfüllen. Die Poularde wenden, mit der restlichen Butter bestreichen, mit dem Füllungsrest umlegen und in etwa 30 Minuten fertig braten. Immer wieder mit der Bratflüssigkeit begießen.
Sonnenblumenkerne und Sahne verquirlen, um die Poularde herum gießen und noch 10 Minuten mitschmoren.

Gebratene Babypute
Turkey roast

Bereits die Anasazi, die Ureinwohner des Südwestens, hielten Truthähne, allerdings weniger zum Essen als für zeremonielle Zwecke und sie verwendeten die Federn als »Wärmepolster« in Geweben.

Für 5 Portionen

Vorbereitungszeit: 30 Minuten
Zubereitungszeit: ca. 2 Stunden

Zutaten
1 Babypute, küchenfertig vorbereitet
Für die Füllung:
350 g gehacktes Fleisch
1 Tasse Sonnenblumenkerne, grob zerkleinert oder Würfel von trockenem Maisbrot
1 Ei
je 1 TL Salz und Pfeffer
1/2 TL Chilipulver
1 TL Salbeiblätter (Salbei wächst wild in Arizona und New Mexico)
2 Tassen entsteinte Sauerkirschen, gut abgetropft (Original: Wildkirschen)
Pflanzenöl oder Butter zum Bepinseln
heißes Wasser zum Begießen

Zubereitung
Den Backofen auf 220° C vorheizen.
Die Zutaten für die Füllung einschließlich der Gewürze in einer Schüssel vermischen, zuletzt die Sauerkirschen unter die Masse geben.
Die gewaschene und trocken getupfte Pute locker mit der Füllung stopfen, die Öffnungen mit Hölzchen verschließen. Flügel und Keulen mit Küchengarn an den Körper binden, den Vogel mit Salz und Pfeffer einreiben und mit Fett bepinseln. Die Pute mit der Brustseite nach unten auf einen geölten Rost über der Fettwanne legen. Nach 25 Minuten die Pute drehen, die Hitzezufuhr auf 180° C zurücknehmen, heißes Wasser angießen. Alle 10 bis 15 Minuten die Pute mit dem ablaufenden Saft übergießen. Je öfter begossen wird, umso knuspriger wird die Haut. Die Pute ist gar, wenn beim Einstechen mit einem scharfen Messer in die Keule der austretende Saft klar ist.
Vor dem Servieren die Füllung in eine vorgewärmte Schüssel geben und extra dazu stellen. Die Pute in Portionsstücke teilen und mit dem Bratensaft übergießen. Dazu Wildreis oder Fladen, Rezept Seite 140, reichen.

Tipp: Damit das Bruststück nicht trocken wird, einige Speckscheiben darüber legen.

Stehen die Innereien der Pute zur Verfügung, diese fein schneiden, zusammen mit Zwiebelstückchen anbraten. Abkühlen lassen. Mit gehacktem Staudensellerie, Maisbrotwürfeln, Ei und Gewürzen vermengen und in die Pute füllen.

Lammtopf mit Maisklößchen
Lamb with corn balls

Lammtopf mit Maisklößchen
Lamb with corn balls

Bei der Invasion durch eine große spanische Armee unter Führung von Francisco Vásquez de Coronado, der auch mexikanische Indianer angehörten, war auch Pedro de Castañeda dabei. Dieser berichtet, dass in der indianischen Küche Wacholderbeeren und Korianderkörner verwendet werden.

Für 6 Portionen

Vorbereitungszeit: 35 Minuten
Zubereitungszeit: 80 Minuten

Zutaten

800 g Lammfleisch aus der Keule, in Streifen geschnitten, 1 EL Mehl
4-5 EL Maiskeimöl
3 Lauch(Frühlings-)zwiebeln, in breite Ringe geschnitten
2-3 Knoblauchzehen, fein gehackt
3 rote Paprikaschoten, entkernt, gewürfelt
1 Tasse Staudensellerie, gewürfelt
2 EL Wacholderbeeren, im Mörser zerstoßen
2 TL Chilipulver
1-2 TL Salz, nach Geschmack
3 Tassen Bouillon

Für die Maisklößchen:

3 Tassen Maiskörner aus der Dose, zerdrückt
60 g feines Maismehl
120 g Weizenmehl
1 TL Salz, 2 TL Backpulver
4 EL weiche Butter und evtl. 2 Eigelb (je nach Teig)
Milch oder Wasser nach Bedarf

Zubereitung

Das Fleisch mit Mehl bestäuben und portionsweise in einer Pfanne oder ofenfesten Form anbraten, warm stellen. Das Gemüse in die Pfanne geben, unter Rühren glasig braten. Das Fleisch und die Gewürze untermischen, mit Flüssigkeit aufgießen, etwa 50 Minuten köcheln, eventuell noch Flüssigkeit nachgießen. – Aus zerdrückten Maiskörnern, den beiden Mehlen, Salz und Backpulver mit der weichen Butter (sollte der Teig nicht gut zusammenhalten, noch die Eigelbe zugeben) und wenig Flüssigkeit einen Teig herstellen, der nicht zu fest sein soll. Davon Klößchen mit einem zuvor in heißes Wasser getauchten Esslöffel abstechen, auf den Eintopf legen und alles zusammen noch etwa 20 Minuten köcheln.

Tipp: Die Klößchen mit feuchten Händen formen – die Oberfläche darf keine Risse zeigen!

Die Frauen einer Hausgemeinschaft bereiten einmal am Tag das Essen für die ganze Familie zu. Es wird gewöhnlich so viel gekocht, dass es mindestens für einen Tag reicht. Beim Backen in den kuppelförmigen Außenöfen wird meist der Vorrat für eine ganze Woche in einem Backgang hergestellt. Diese Außenöfen werden auch »outdoor oven«, »beehive oven« oder »el horno« genannt. Die Hornos sind keine Erfindung der Pueblo-Indianer, sie erinnern an die Öfen, die seit Jahrhunderten in Spanien üblich waren – wahrscheinlich stammen sie aus Arabien.

Kochen und Backen

Sie sehen aus wie große Bienenkörbe; das Baumaterial besteht aus Steinen, die mit einer Mischung aus Lehm, Sand und Stroh verputzt werden. Vor Inbetriebnahme des Horno wird zuerst ein Feuer in der Ofenhöhlung entfacht; wenn dieses herunter gebrannt ist, wird das Backgut mit einer Holzschaufel eingeschoben und die Öffnung wird mit einem Blech verschlossen.
Von den Azteken übernahmen die Pueblo-Indianer die »tamales« (das Wort bedeutet, dass Speisen in Mais- oder andere Blätter gewickelt und darin gegart werden). Sie verfeinerten jedoch die ursprünglich sehr einfachen Speisen (siehe Seite 76). Die Füllungen wurden raffinierter, der Teig luftiger. Chronisten berichten: »...(es gibt) spitze tamales, weiße tamales, ...tamales mit weißen Früchten, tamales mit roten Früchten, ...tamales aus zartem Mais, tamales aus grünem Mais, ...geschmorte tamales, Honig-tamales, tamales mit Bienenwachs, Kürbis-tamales...«
Während der langen Zeit der europäischen Kolonisierung des Pueblo-Gebietes mischten sich ursprüngliche Gerichte und Zubereitungsarten mit spanischen und angloamerikanischen Einflüssen, wodurch die Pueblo-Küche heute eine große Vielfalt der unterschiedlichsten Gerichte aufzuweisen hat.
Die meisten Körnerfrüchte wurden nach ihrer Verarbeitung gebacken, gekocht oder gebraten, oft in Verbindung mit Fleisch. Wilde Pflanzen oder Gemüse aß man sowohl frisch als auch gekocht.
Fleischgerichte bereitete man in Form von Eintopf oder gebackenen bzw. gebratenen Pasteten zu. Vögel und kleine Säugetiere, gelegentlich auch größere Tiere, wurden am Spieß oder auf dem Rost gebraten.
Das wichtigste Würzmittel war Salz, das, bevor es als kommerzielles Produkt erhältlich war, oftmals durch Asche ersetzt wurde, weil es zu teuer war.
Pflanzliche Würzmittel waren u. a. grüne Kürbisblüten, wilder Salbei, Chilischoten sowie Pinienkerne und Kaktusfeigen in neuerer Zeit kamen Pfeffer, Zucker, Zimt, Zwiebeln und Knoblauch dazu.

Mais war stets das Grundnahrungsmittel, daraus entwickelte sich ein große Vielfalt von Maisgerichten.

Im Gegensatz zum Mais gab es für Bohnen und Kürbisse ursprünglich wenige Zubereitungsarten. Sie wurden gewöhnlich nur mit Wasser gekocht.
Von den Produkten aus Maismehl war »piki« bei den Hopi-Indianern das beliebteste. Zu allen rituellen Anlässen gehörte es dazu.
Piki wurde stets aus blauem Mais zubereitet. Das sehr fein zerriebene und zusätzlich durchgesiebte Maismehl wurde in kochendes Wasser gegeben und so lange gekocht, bis ein dünner Teig entstand. Diesem wurde »Felsasche« zugesetzt, ein Mineral, das wie andere Aschen als Salzersatz diente. Die »Felsasche« bewirkte, dass das Endprodukt eine intensivere blaue Farbe bekam und es diente auch als Treibmittel. Heute wird Piki-Brot mit Kochsalz zubereitet.
Die Backplatte wurde auf vier Steinen über einer Lage glühender Holzkohle vorgeheizt und dann eingefettet. Mit der Hand wurde auf der Platte eine hauchdünne Schicht Teig verteilt. Die dünnen Teigblätter waren sofort durchgebacken. Sie wurden in der Regel in aufgerollter Form aufbewahrt.
Dickere Maismehlfladen, die Tortillas, wurden auf ähnliche Weise hergestellt und auf zwei Seiten gebacken. Man füllte sie mit frischem oder gedörrtem Obst oder Fleisch und verzehrte sie als Pasteten.
Brei aus Maismehl war ursprünglich ein universales Nahrungsmittel und wurde als Brotersatz betrachtet.
Tacos wurden aus Tortillas hergestellt, die mit Fleisch oder Früchten gefüllt und gefaltet in heißem Fett ausgebacken wurden.

Das Brot aus Weizenmehl hat heute fast vollständig das ursprüngliche Maisbrot ersetzt.
Am Backtag stehen die Frauen früh auf und bereiten den Sauerteig. Während der Teig aufgeht, wird der Ofen angeheizt, was mindestens eine Stunde dauert. Wenn er die richtige Temperatur erreicht hat, entfernt man die Glut und die Laibe werden mit Hilfe eines hölzernen Schiebers hineingelegt. Wenn das Brot ausgebacken ist, bewahrt man es bis zum Verzehr in Körben, Töpfen oder Kästen auf. Das Festtagsbrot wird von den Frauen zusätzlich mit Ornamenten verziert oder mit Blüten besteckt.

Zu jedem zeremoniellen Tanz gehört die Versorgung der Teilnehmer mit Speisen. Dafür sind die Frauen derjenigen Dorfhälfte oder Gruppe verantwortlich, die den Tanz ausrichtet.
Die Pueblo-Indianer unterscheiden auch heute noch zwischen »indianischer« und »nichtindianischer« Nahrung. Diejenigen, die aktiv an Ritualen teilnehmen, dürfen nur »indianische« oder »zeremonielle« Speisen zu sich nehmen. Diese bestehen aus Wild- und Maisprodukten. Die wichtigsten Speisen für den zeremoniellen Gebrauch sind diejenigen, die aus blauem Mais hergestellt werden. Sämtliche Nahrungsmittel aus Dosen sind strikt verboten. Das Gleiche gilt für das Würzen, das bei zeremoniellen Speisen ebenfalls nicht erlaubt ist. Auch Leitungs- oder Brunnenwasser darf nicht getrunken werden, sondern nur Wasser, das speziell für diesen Zweck aus Quellen in den Bergen herangeholt wurde.
Das Fest des jeweiligen Dorfheiligen (z. B. Santa Ana, Santa Clara, San Ildefonso usw.) ist der wichtigste Feiertag in einem Pueblo und der einzige Tag im Jahr, an dem die Dörfer für jedermann offen stehen und alle Besucher willkommen sind. Indianer aus anderen Pueblos kommen von nah und fern und quartieren sich bei Freunden oder Verwandten ein, von denen sie großzügig bewirtet werden. Daher sind die Frauen an den Tagen zuvor in besonderem Maße mit Kochen und Backen beschäftigt, damit keiner der Besucher hungrig bleibt.
Ein Teil der Speisen, vor allem Brot und Früchte, werden dem Dorfheiligen dargebracht und in einer festlich geschmückten Hütte vor dem Bild des Heiligen niedergelegt.

Taos-Pfirsichpudding
Taos peach pudding

Die Bewohner von Taos-Pueblo sind sehr stolz auf ihre Geschichte – und das lassen sie die Besucher auch merken. Ihre Pfirsiche bauen die Bewohner in kleinen Plantagen in der Nähe des Pueblo an; die Früchte sind zwar kleiner als Zuchtpfirsiche, aber sie schmecken aromatischer – ähnlich den Weinbergpfirsichen.

Vorbereitungszeit: 15 Minuten
Zubereitungszeit: 60 Minuten

Zutaten
4 reife Pfirsiche, heiß überbrüht, Haut abgezogen, halbiert und entkernt
ersatzweise 1 Dose Pfirsiche mit Saft (Inhalt 8 große Hälften)
6 EL zerlassene Butter
1 Tasse Weizenmehl
1/2 Tasse brauner Zucker
1/2 Päckchen Backpulver
1/2 TL Salz
2 EL gehackte Mandeln
1 TL Butter

Zubereitung
Werden Dosenpfirsiche verwendet, die Pfirsiche abtropfen lassen. Dann die Früchte in Streifen schneiden und in eine gebutterte Auflaufform schichten. Mehl, Zucker, Backpulver, Salz und Mandeln vermengen, den Saft der Pfirsiche zugießen und die heiße zerlassene Butter ebenfalls unterrühren.
Die Sauce über die Pfirsiche gießen und bei 200° C 40 Minuten hellbraun backen.

Ofenfrischer Kürbis
Steamed pumpkin with peaches

Der Pfirsich hat eine lange Reise von China, wo er ursprünglich herstammt, über Europa ins Gebiet der Pueblo gemacht. Wie die Aprikosen und die Wassermelonen wurden sie von den Spaniern ins Land gebracht.

Vorbereitungszeit: 15 Minuten
Zubereitungszeit: 45 Minuten

Zutaten
3 reife Pfirsiche, heiß überbrüht, Haut abgezogen, entkernt, in Spalten geschnitten
5 Tassen gewürfeltes Kürbisfleisch
1 Tasse brauner Zucker
1/2 TL Salz
1 TL Zimt
2 EL Pinienkerne

Zubereitung
Für die Zubereitung ein Backblech mit einem hohen Rand nehmen oder einen Rand aus Alufolie herstellen.
Den Backofen auf 200° C vorheizen.
Die Früchte gleichmäßig auf dem Backblech verteilen.
Die übrigen Zutaten darüber streuen, mit Alufolie zudecken und 35 Minuten backen.

Ofenfrischer Kürbis
Steamed pumpkin with peaches

Maisgrieß-Schnitten
Corn semolina slices

Es müssen nicht immer süße Maisgrieß-Schnitten zum Dessert sein! Diese herzhaften Schnitten schmecken mit Tomaten- oder einem gemischten Salat oder man serviert eine pikante Sauce dazu.

Für 10 Schnitten

Gefettete Kastenform 15 x 23 cm

Vorbereitungszeit: 25 Minuten
Zubereitungszeit: 25 Minuten

Zutaten
4 Tassen Wasser
2 Tassen Maisgrieß
1 TL Salz
1 EL Salbei
1/2 TL Senfpulver
3 EL Pinienkerne, fein gemahlen
1 EL Schmalz
1 Tasse grüne Chilischoten, entkernt, fein gehackt
Mehl und Butter

Zubereitung
Das Wasser zum Kochen bringen, den Maisgrieß einlaufen lassen, dabei kräftig schlagen! Dann die Gewürze dazugeben. Es muss ein fester Teig entstehen. In einer Pfanne das Schmalz zerlaufen lassen, gehackte Chilischoten dazugeben und anbräunen. Ebenfalls unter die Masse kneten. Den Teig in eine Kastenform füllen und einen Tag gut durchkühlen lassen.
Vor dem Servieren in 2 cm dicke Scheiben schneiden, in Mehl wenden und in der Butter braun braten.

Weizenkeimpudding
Wheatgerm pudding

Früher wurden bei den Pueblo-Indianern süße Speisen im Winter gerne über Nacht nach draußen gestellt, um dann am nächsten Tag »geeist« gegessen zu werden. Sehr beliebt war Kaktusfeigenpüree, mit Zucker oder Honig und Wasser vermischt und dann gefroren. Sozusagen Pueblo-Sorbet!

Vorbereitungszeit: 20 Minuten
Ruhezeit: über Nacht
Zubereitungszeit: 60 Minuten

Zutaten
4 Tassen kochendes Wasser
2 Tassen Weizenkeime
1 Tasse Maisstärke
2 EL Rosinen
1/2 TL Salz
1 TL Zimt
1 EL Pinienkerne, grob zerkleinert (Mixer)
1 Tasse brauner Zucker
2 EL Butter
1 Tasse kochendes Wasser

Zubereitung
4 Tassen Wasser zum Kochen bringen. Weizenkeime mit Maisstärke vermengen und in das kochende Wasser einlaufen lassen. Es muss ein dicker Brei entstehen. Rosinen, Salz, Zimt und Pinienkerne unterkneten und den glatten, festen Teig über Nacht ruhen lassen.
Den Backofen auf 180° C vorheizen. Anschließend den Teig in eine gefettete Auflaufform drücken. Butter und Zucker in einer Pfanne anbräunen und das heiße Wasser langsam zulaufen lassen. Mit dem Schneebesen gut durchrühren! Den heißen Sirup über den Teig in der Auflaufform gießen.
In ca. 45 Minuten goldgelb backen.

Pedro de Castañeda, der Coronado auf einer Expedition in den Südwesten begleitete, war ein sehr genauer Beobachter. In seinen Briefen nach Spanien (um 1540) schreibt er: »...sie haben eigene Häuser, wo sie sehr sauberes Mehl mahlen... Es gibt einen Trog, an dem drei Steine in festen Lehm eingebettet sind. Die Frauen begeben sich hier hinein, jede mit einem Stein ausgestattet, mit dem die eine von ihnen den Mais aufbricht, die zweite ihn mahlt und die dritte ihn nochmals mahlt... Sie mahlen eine große Menge auf einmnal, da sie ihr gesamtes Brot, das an Waffeln erinnert, aus in warmem Wasser eingeweichtem Mehl backen...«

Bei den Pueblo-Indianern entwickelte sich eine hohe Töpferkunst; etwa eine Woche arbeiten die Frauen an einem Väschen, das mit traditionellen Farben mit Hilfe von feinen Pinseln, Federkielen und Gräsern bemalt wird.

Pikante ausgebackene Brötchen
Piquant biscuits

Ein einfacher Backpulverteig ist die Grundlage dieser Brötchen, die in unterschiedlicher Form bei Zusammenkünften, Festen und PowWows angeboten werden.

Für 10-20 Brötchen, je nach Form

Vorbereitungszeit: 15 Minuten
Ruhezeit: 30 Minuten
Zubereitungszeit: 15 Minuten

Zutaten

1 EL Maiskeimöl
1 kleine Zwiebel, gehackt
1 grüne Chili, entkernt, gehackt
375 g Weizenmehl
2 TL Backpulver
1 TL Salz
1/4-3/8 l warmes Wasser oder Milch
Maiskeimöl zum Bestreichen und Ausbacken

Zubereitung

Öl in einer Pfanne erhitzen, Zwiebel und Chili darin anschwitzen, abkühlen lassen.
Mehl mit Backpulver vermischen, Salz und so viel Flüssigkeit zugeben, bis ein glatter Teig entsteht.
Zuletzt die Zwiebel-Chili-Mischung unterkneten. Den Teig zu einem Ball formen und mit Öl bestrichen etwa 30 Minuten zugedeckt ruhen lassen.
Den Teig portionsweise zu runden, eckigen oder dreieckigen Teilchen formen und in heißem Öl ausbacken.
Am besten schmecken die Brötchen warm!
Tipp: Die Brötchen ohne Zwiebel und Chili backen und mit Honig oder Ahornsirup beträufeln.
Derselbe Teig lässt sich auch zu Tortillas formen, die in Öl oder Schmalz ausgebacken mit Salat, Salsa oder Hackfleisch verzehrt werden können (ähnlich den Tacos).

Kürbis-Maisbrot
Pumpkin-corn bread

Maisküchlein
Corn cookies

Maisküchlein
Corn cookies

Eine kleine Leckerei für zwischendurch, die besonders bei den Kindern der Pueblo-Indianer sehr beliebt ist.

Für 18-20 Küchlein

Vorbereitungszeit: 20 Minuten
Zubereitungszeit: 30 Minuten

Zutaten
2 1/2 Tassen Weizenmehl
1 Päckchen Backpulver
1/2 TL Salz
1 EL brauner Zucker
2 Eier
1/4 Tasse zerlassene Butter
1/2 Tasse Buttermilch
2 Tassen gekochte Maiskörner
oder 1 Dose Gemüsemais (285 g Einwaage)
1 EL Schalotten, fein gehackt

Zubereitung
Die trockenen Zutaten vermengen, dann die Eier, die zerlaufene Butter, Buttermilch, Mais und die Schalotten dazu geben. Gut durcharbeiten – schneller geht es mit einer Küchenmaschine.
Den Backofen auf 200° C vorheizen. Backblech einfetten; den Teig esslöffelweise abstechen und kleine Häufchen auf das Blech setzen. In ca. 20 Minuten goldbraun backen.
Werden die Küchlein warm gegessen, können sie vorher mit heißer Butter überpinselt werden.

Kürbis-Maisbrot
Pumpkin-corn bread with sunflower seeds

Dieses Kuchenbrot schmeckt ofenwarm mit kalter Butter bestrichen hervorragend. Aber es eignet sich auch leicht getoastet zum Frühstück.

Für 1 Kuchenbrot (Form 20 x 30 cm)

Vorbereitungszeit: 15 Minuten
Zubereitungszeit: 50 Minuten

Zutaten
120 g Maismehl, 60 g Weizenmehl
1 1/2 Tassen pürierter Kürbis, gekocht
1 TL Backpulver
120 g Zucker, 1/2 TL Salz
2 Eier, verquirlt
4 EL Pflanzenöl oder 100 g zerlassene Butter
1 TL Zimt, gemahlen
eventuell etwas Buttermilch
100 g ungesalzenen Sonnenblumenkerne, grob zerstoßen, oder Pinienkerne
Fett für die Form

Zubereitung
Die beiden Mehlsorten in einer Schüssel mischen. Kürbispüree, Backpulver, Zucker und Salz zugeben, zuerst die Eier, dann Fett und Zimt einrühren. Falls der Teig zu fest ist, etwas Buttermilch zugeben. Zuletzt die Kerne in den Teig geben und einen glatten Rührteig fertig stellen. Den Backofen auf 200° C vorheizen. Teigmasse in eine gefettete Kastenform füllen und den Kuchen auf der mittleren Schiebeleiste etwa 50 Minuten backen. Die Stäbchenprobe machen.
Tipp: Verwenden Sie einmal statt der Sonnenblumenkerne grob gehackte Pecannüsse! Die länglichen, dünnschaligen, sehr fetthaltigen Nüsse gedeihen auf Bäumen, deren Spuren sich bis in die Steinzeit zurückverfolgen lassen.

Gefüllte Hefebällchen
Stuffed yeat pastry (yeast balls)

Bevor die Spanier ins Land kamen, standen den Indianern Wildfrüchte wie zum Beispiel Holunderbeeren, Pinienkerne (piñones) und vor allem verschiedene Kaktusfrüchte für süße Leckereien zur Verfügung. Mit dem Anbau von Stein- und Zitrusfrüchten wurde erst im 18. Jahrhundert begonnen.

Für ca. 20 Bällchen
Gefettete Springform Ø 24 cm

Vorbereitungszeit: 20 Minuten
Zubereitungszeit: 60 Minuten

Zutaten
1 1/2 Tassen getrocknete Früchte (entspricht 1-2 Trockenfruchtbeuteln), z. B. Äpfel, Aprikosen, Pflaumen, Pfirsiche
1 Würfel Hefe
4 EL warmes Wasser
3 TL flüssiger Honig
1/2 TL Salz
1 Tasse Milch
2 EL Maiskeimöl
3 Tassen Weizenmehl

3-4 EL Maiskeimöl für die Kuchenform

Zubereitung
Die Früchte über Nacht einweichen. Zur Verarbeitung entweder ganz lassen oder grob würfeln. Hefe in warmem Wasser auflösen.
In einer großen Schüssel Honig, Salz, Milch und Öl vermischen. Dann das Mehl und die aufgelöste Hefe dazugeben. Gut durcharbeiten, bis ein glatter Teig entsteht, der an einem warmen Ort aufgehen soll.
Den Backofen auf 200° C vorheizen.
Danach den Teig in 20 Portionen teilen und mit den gut abgetropften Früchten füllen. Bällchen formen.
In eine gefettete Springform geben, die Bällchen darin wenden und nebeneinander einschichten. In 40 Minuten goldbraun backen.
Man kann die gefüllten Hefebällchen warm mit kalter Vanillesauce servieren.

Scharfe Krapfen
Hot doughnuts

Für 20 Krapfen

Vorbereitungszeit: 10 Minuten
Zubereitungszeit: 15 Minuten

Zutaten
160 g Weizenmehl
gut 1/8 l Wasser
2 Eier, leicht verquirlt
1 TL Backpulver
2 milde oder scharfe Chilischoten, entkernt, gehäutet und gehackt, je nach Geschmack oder 1 scharfe und 1 milde Schote

Schweineschmalz oder Öl zum Ausbacken

Zubereitung
Das Mehl in eine Schüssel sieben. Nach und nach das Wasser zugießen – es soll ein dickflüssiger Teig entstehen. Eier, Backpulver und Chillies einrühren, gut vermischen.
Fett in einer Fritteuse oder einem hohen Topf auf 180° C erhitzen. Mit einem Esslöffel Teigportionen abstechen und ins heiße Fett gleiten lassen, goldbraun ausbacken. Die Krapfen auf Küchenkrepp entfetten und noch heiß verzehren.

Maisbrot mit Salbei
Corn and sage bread

Die Pueblo-Indianer bekamen ihren Namen von den spanischen Invasoren (»pueblo« bedeutet Dorf, auch Haus); sie verwenden noch heute wild wachsende Kräuter zum Würzen der Speisen und des Brotes. Wir können abwechseln mit Salbei, Oregano oder Zwiebelkraut.

Für ein Brotlaib von ca. 1 kg Gewicht

Vorbereitungszeit: 20 Minuten
Ruhezeit: ca. 30 Minuten
Zubereitungszeit: 45 Minuten

Zutaten
1 Päckchen Hefe
4 EL warmes Wasser
3 Tassen Weizenmehl
2 Tassen Maismehl
2 TL brauner Zucker
2 TL Salz
1 TL Salbei, getrocknet, oder 1 EL frische Salbeiblätter, fein geschnitten
3 EL ganze Sonnenblumenkerne
2 Tassen warmes Wasser
Fett für das Blech

Zubereitung
Hefe in dem warmen Wasser auflösen. Die trockenen Zutaten in einer großen Schüssel vermengen, dann die aufgelöste Hefe und die 2 Tassen warmes Wasser unterschlagen. Der Teig soll fest und glatt sein. An einem warmen Ort zugedeckt aufgehen lassen. Den Backofen auf 180° C vorheizen.
Danach den Teig wieder durchkneten, zu einem Laib formen, auf ein gefettetes Kuchenblech setzen und mit Wasser überpinseln. In 45 Minuten knusprig backen. Eine Tasse Wasser mit in den Backofen stellen.

Markknochenaufstrich
Marrowbone spread

Die Indianer lieben es, diesen Brotaufstrich warm zu essen und ihr selbst gebackenes Brot in dieses Fett zu dippen.

Die Masse ergibt einen Aufstrich für ca. 8 Scheiben Brot.

Vorbereitungszeit: 15 Minuten
Zubereitungszeit: 15 Minuten

Zutaten
3-4 große frische Markknochen
Salz, Pfeffer, Oregano nach Geschmack
oder fein gehackte Küchenkräuter, z. B. Petersilie, Schnittlauch, Kerbel oder Estragon

Zubereitung
Das Mark aus den Knochen drücken, klein schneiden und in der Pfanne anbraten. Im Mixer fein pürieren und je nach Geschmack die Gewürze hinzufügen und kalt stellen.

Adobe-Brot
Adobe bread

Das »tägliche Brot« der Pueblo-Indianer wird nach Möglichkeit im »el horno« (siehe Seite 130) gebacken. Es ist in jedem Haushalt stets verfügbar.

Für 2 Laibe

Vorbereitungszeit: 30 Minuten
Ruhezeit: 60 Minuten
Zubereitungszeit: ca. 60 Minuten

Zutaten
1 Würfel Frischhefe
knapp 1/8 l lauwarmes Wasser
1 EL Zucker
2 EL Schmalz oder Pflanzenfett
knapp 3/8 l lauwarmes Wasser
1 TL Salz
etwa 600 g Weizenmehl
evtl. 2-3 Knoblauchzehen, zerdrückt

Fett für die Form

Zubereitung
Die Hefe in einer Tasse zerbröckeln, mit dem lauwarmen Wasser verrühren, etwas Mehl einrühren, Teigansatz zur Seite stellen.
Zucker in eine große Backschüssel geben, mit Schmalz, lauwarmem Wasser und Salz gut verrühren, entweder mit dem elektrischen Handrührer oder mit dem Schneebesen. Nun ein Viertel des Mehls einarbeiten, dabei die Masse schlagen. Die angerührte Hefe zugeben, gut untermischen. Dann das restliche Mehl einarbeiten und den Teig kräftig durchkneten. Die Teigmasse soll glatt und elastisch sein. Teig zu einem Ball formen und in eine eingeölte Schüssel legen. Mit einem Tuch bedeckt etwa 60 Minuten gehen lassen.
Den Backofen auf 180° C vorheizen.
Teigball halbieren, noch einmal kurz durchkneten. Zwei ofenfeste Formen (es gibt Brotbackformen) einfetten und die Teigstücke einlegen. Einmal wenden, damit die Laibe rundum gefettet sind. Im Backofen zusammen mit einer Tasse Wasser in ca. 50 Minuten backen.
Die Stäbchenprobe machen.
Laibe aus den Formen stürzen und auf einem Kuchengitter auskühlen lassen.

Indianische Fladen
Pueblo round flat doughcake

Für ca. 12 Fladen

Vorbereitungszeit: 15 Minuten
Zubereitungszeit: 40 Minuten

Zutaten
4 Tassen Weizenmehl
1 Päckchen Backpulver
1/2 TL Salz
1/2 TL Chilipulver
1 Ei
1-2 Tassen warmes Wasser
Fett zum Ausbacken

Zubereitung
Mehl, Backpulver, Salz und Chilipulver mischen. Das Ei und das warme Wasser zufügen, aber nur soviel warmes Wasser verwenden, dass ein geschmeidiger Teig entsteht. Die Masse gut durcharbeiten, am besten in der Küchenmaschine.
Eine Rolle formen von ca. 5 cm Durchmesser. In ca. 12 Portionen teilen. Mit bemehlten Händen flache, runde Fladen formen, mit dem Zeigefinger in der Mitte ein Loch durchstoßen, im auf 180° C erhitzten Fett in der Fritteuse hellbraun ausbacken. Heiß servieren.

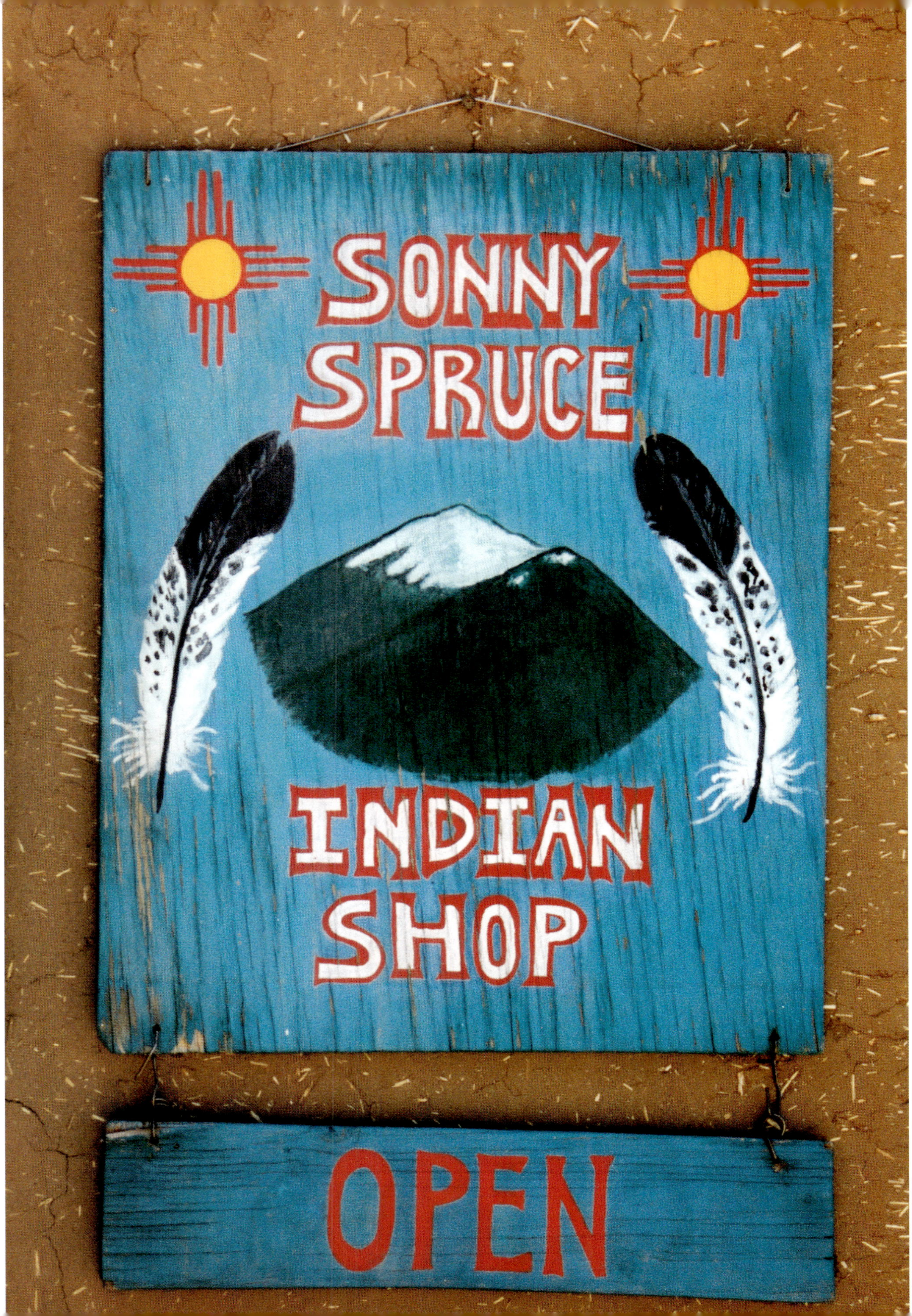
SONNY
SPRUCE
INDIAN
SHOP
OPEN

LAND DER WÄLDER UND SEEN

MINNESOTA

HEIMAT DER OJIBWA-INDIANER

Wildreis,
Ahornsirup und Cranberries

Dem Wildreis war ich diesmal auf der Spur und so trampte ich mit kleinem Gepäck und den Utensilien, die man als Autorin benötigt, nach Minnesota zu den Ojibwa (auch Chippewa und Chippeway)-Indianern.

Hier war alles anders, als ich es bisher von manchen anderen Indianer- oder Indiostämmen gewöhnt war. Minnesota, das Land der 10.000 Seen und unüberschaubaren Vielfalt der riesigen Waldgebiete, verzauberte im Spätsommer auf besondere Weise. Viel Ruhe und Frieden umgaben mich bei Grand Rapids am Mississippi, wo bei meiner Ankunft die Reisernte schon vorbei war, und in den Supermärkten gab es ihn schon frisch geröstet und bereits als schmackhafte Salate zubereitet. Am Net Lake unweit der kanadischen Grenze erfüllte sich dann mein sehnlichster Wunsch, die Reisernte zu erleben. Zauberhaft, riesig und ruhig lag der See da! Im Kanu von einem freundlichen Amerikaner und Ojibwa-Indianern begleitet, streiften wir durch die erntereifen Wildreisfelder. Ein unvergessliches Erlebnis! Die Grassamen, die vorzugsweise in Ufernähe wachsen, wurden vom Boot aus geerntet. Dies ist eine langwierige und arbeitsaufwendige Arbeit, die nur von den Indianern ausgeführt werden darf. Übrigens lässt sich Wildreis nicht durch Düngung oder andere Eingriffe vermehren.
Der Wildreis ist heute längst nicht mehr nur eine Delikatesse der Indianer. Die amerikanische Küche hat sich bereits vor Jahren dieses köstlichen und gesunden Wasserhafers (Zizania aquatica) angenommen, der seit etwa 1000 Jahren den Ojibwa bekannt ist.

Die Gewinnung des Ahornsirups geht auf eine Jahrhunderte alte Tradition zurück. Im Frühjahr wird die Rinde des Zuckerahorns angeritzt, der austretende Saft gesammelt und dann eingedickt (eingekocht). Je nach Erntezeitpunkt wird der Sirup in vier Kategorien unterteilt: A bis D. Kategorie A wird am frühesten im Jahr geerntet, er ist von heller Farbe und schmeckt etwas herb. Der karamellartige Ahornsirup enthält außer Zucker einige Mineralstoffe, Vitamine und Spurenelemente (siehe dazu auch Seite 159).

Wildreis-Ernte auf traditionelle Art: Im September staken die Indianer mit ihren Kanus in die Reisfelder und schlagen mit langen Stöcken die reifen Samenkörner in die Boote.

Der Wildreis, von einigen Indianervölkern auch »Manoomin« – kostbares Korn – genannt, ist das einzige »Getreide«, das auf dem nordamerikanischen Kontinent heimisch ist.

Riesige Seen- und Flussgebiete durchziehen Minnesota, bekannt als das »Land der 10 000 Seen«.

Wilde Beeren gehören seit jeher zum Speisezettel der Ojibwa. Mittlerweile werden die Moosbeeren – Cranberries – auf riesigen Feldern angebaut. Zur Erntezeit werden diese überflutet und die Beeren werden mit Erntemaschinen abgefischt. Cranberries gibt es frisch oder tiefgekühlt auch bei uns zu kaufen.

So bin ich als Autorin in der schwierigen Lage, über Köstlichkeiten der Indianerküche des Nordostens des amerikanischen Kontinents zu berichten, die längst zum Alltag der amerikanischen Küche gehören. Auf der anderen Seite freue ich mich, dass wir inzwischen auch in Europa dessen teilhaftig sind und so ein Stück Esskultur erhalten bleibt.

DIE KÜCHE DER OJIBWA

Wildreis (Grundrezept)

Wildreis-Champignon-Suppe

Wildreis-Salat mit dreierlei Bohnen

Wildreis-Avocado-Salat

Wildreis-Geflügelsalat

Lachs oder Lachsforelle mit Wildreisfüllung

Wildreis-Pilaw

Gefüllte Wirsingrouladen

Wildreis-Leber-Füllung für Pastetchen

Fruchtige Beilage zu Ente oder Gans

Wildreis-Pfannkuchen mit Cranberries

Apfel Wildreis

Wildreis (Grundrezept)
Wild rice

Der Wildreis hat wenig Kalorien und Fett und kaum Cholesterin. Je dunkler das Korn ist, desto wertvoller ist es. Es gibt verschiedene Sorten: Select – ausgewählt(Auslese); extra fancy – extra fein; fancy – fein; thin grain – dünnes Korn, broken – gebrochen (mindere Qualität).

Für 4 Tassen gekochten Reis

Vorbereitungszeit: 15 Minuten
Zubereitungszeit: 40-45 Minuten; im Dampfdrucktopf 20 Minuten

Zutaten
1 Tasse Wildreis (150 g)
4 Tassen Wasser
1 Prise Salz

Zubereitung
Den Wildreis gut waschen, dann mit heißem Wasser überbrühen und 10 Minuten stehen lassen, abgießen. Mit Wasser und Salz zum Kochen bringen.
Etwa 40-45 Minuten kochen. Der so gekochte Reis kann auf unterschiedliche Weise weiter verarbeitet werden. Man kann ihn variieren mit: Mandelsplittern, ganzen Mandeln, Nüssen, Pinienkernen, geriebenem Käse, weißem oder braunem Zucker oder Ahornsirup.

Wildreis kann neutral in Wasser gekocht werden; man kann aber auch 2 Tassen Hühnerbouillon und 2 Tassen Weißwein oder für süße Speisen 4 Tassen Apfelsaft (oder Apfelwein) verwenden. In jedem Fall wird eine Prise Salz zugefügt.
Tipp: Gibt man dem gekochten Reis 1-2 Esslöffel Öl hinzu, so kleben die Körner nicht aneinander.
Dies ist für Wildreis-Salat besonders zu empfehlen.

Wildreis-Champignon-Suppe
Wild rice mushroom soup

Bei diesem Rezept sollen die Wildreiskörner nach den Kochen aufgesprungen sein. So liebt der Indianer seinen Wildreis, der nun voll alle Vitamine und Mineralien und den nussigen Geschmack entfaltet.

Vorbereitungszeit: 10 Minuten
Zubereitungszeit: 15 Minuten

Zutaten
3 EL Mehl
1 Tasse Frühlingszwiebeln, sehr fein geschnitten
3 Tassen Champignons, gewürfelt
3 EL Butter
1 Tasse Wasser
5 Tassen Pilzbouillon (Fertigprodukt) oder die gleiche Menge Hühnerbrühe (evtl. als Bouillonwürfel aufgelöst)
3 Tassen Wildreis, gekocht
1 Tasse Sahne
1/2 Tasse Sherry
Salz und Muskatnuss nach Geschmack
1 Bund Kerbel, gehackt

Zubereitung
In einer tiefen Pfanne die Butter zerlassen, darin die Zwiebeln glasig dünsten, Champignons dazugeben. Das Mehl darüber stäuben, gut umrühren, mit Wasser und der Bouillon aufgießen. Wildreis und Sahne unterziehen, 10 Minuten simmern lassen.
Vor dem Servieren mit Sherry, Salz und Muskatnuss abschmecken. Die Portionen mit dem gehackten Kerbel bestreuen.

Wildreis-Champignon-Suppe
Wild rice mushroom soup

Wildreis-Salat mit dreierlei Bohnen
Wild rice salad with beans

Wildreis-Salat mit dreierlei Bohnen
Wild rice salad with beans

Dieser delikate Salat lässt sich mit den verschiedensten Bohnen zubereiten: eine Kombination von grünen, braunen, weißen und roten Bohnenkernen sieht noch dazu hübsch aus! Der Salat kann Beilage zu einem Fleischgericht sein. Oder man serviert ihn mit Crackern oder Brot als kleine Mahlzeit.

Als Beilage für ca. 5 Portionen

Vorbereitungszeit: 10 Minuten
Zubereitungszeit: 10 Minuten
Ruhezeit: 3-4 Stunden

Zutaten

2 Tassen Wachsbohnen, gekocht, in etwa 4 cm lange Stücke geschnitten
2 Tassen grüne Bohnen, gekocht, in etwa 4 cm lange Stücke geschnitten
1 Dose Kidney-Bohnen (250 g Einwaage), abgetropft
3 Tassen Wildreis, gekocht
1 EL grüne Pfefferkörner, im Mörser zerstoßen
1 große Zwiebel, in halbe Ringe geschnitten
2 EL Worcestershire-Sauce
je 1 Bund Petersilie und Schnittlauch, fein geschnitten

Für die Vinaigrette:

Essig, Öl, Salz, Pfeffer und etwas Zucker

Zubereitung

In einer kleinen Schüssel die Zutaten für die Vinaigrette anrühren und nach Bedarf etwas Wasser zugeben. Nach eigenem Geschmack würzen. In einer großen Schüssel die übrigen Zutaten leicht vermengen, mit der Vinaigrette übergießen, gut unterziehen und einige Stunden im Kühlschrank durchziehen lassen.

Wildreis-Avocado-Salat
Wild rice avocado salad

Dieser Salat bildet eine geschmackliche Allianz zwischen Süd und Nord. Das nussige Aroma des Wildreis, kombiniert mit dem zarten Schmelz der Avocado, wird abgerundet und unterstützt von der Chilischote.

Für 3-4 Portionen

Vorbereitungszeit: 10 Minuten
Zubereitungszeit: 15 Minuten
Ruhezeit: 30 Minuten

Zutaten

2 Tassen Wildreis, gekocht
2 Stängel Frühlingszwiebeln, in feine Ringe geschnitten
1 Chilischote, Kerne entfernt
2 große Avocados

Für die Vinaigrette:

1 TL Dijon-Senf
1 Prise Salz
1 TL Zucker oder 1 TL Ahornsirup
3 EL Balsamico-Essig
2 EL Olivenöl

Zubereitung

Zuerst Senf, Salz, Zucker, Balsamico-Essig und Öl zu einer Vinaigrette verrühren, evtl. mit dem Mixstab. Wildreis und Frühlingszwiebeln sowie die Chilischote dazugeben, gut vermengen. Den Salat durchziehen lassen.
Vor dem Servieren die Avocados längs halbieren, Kern entfernen und mit einem Teelöffel kleine Bällchen aus dem Fruchtfleisch formen und unter den Salat heben. Mit Petersilie und Salatblättern garnieren.

Wildreis-Geflügelsalat
Wild rice chicken salad

Der mit Löwenzahnblättern dekorierte Geflügelsalat ist eine schnelle, leichte Mahlzeit für Sommertage. Wild wachsender Wiesenlöwenzahn ist oft gedüngt – da kann man auf den gezüchteten Löwenzahn zurückgreifen. Er ist in italienischen Gemüseläden erhältlich; die Blätter etwas zerkleinern.

Als Vorgericht für ca. 6-7 Portionen

Vorbereitungszeit: 10 Minuten
Zubereitungszeit: 15 Minuten

Zutaten

2 Tassen Wildreis, in ca. 7-8 Tassen Weißwein gekocht
3 Geflügelbrüste, gekocht und in Würfel geschnitten, Haut entfernt
500 g grüner Spargel, gegart, nur das obere Drittel mit den Köpfen verwenden
1 Becher Crème fraîche
1 Becher Joghurt
1 Tasse grüne Erbsen, frisch, kurz gegart oder aus dem Glas

Für das Dressing:

1 EL Senf, mittelscharf
Zitronensaft von 1 Zitrone
3 EL Balsamico-Essig
4 hart gekochte Eier, klein gehackt
1 Bund Schnittlauch, in Röllchen geschnitten
1 Tasse Olivenöl

Löwenzahn- oder Rucolablätter zum Auslegen der Servierplatte, Walnusshälften oder Pecannusshälften zum Garnieren

Zubereitung

Zuerst das Dressing zubereiten: In einer kleinen Schüssel den Senf mit dem Zitronensaft und dem Essig mit Hilfe eines Tassenschneebesens oder einer Gabel vermischen. Klein gehackte Eier und Schnittlauch unterziehen und zuletzt das Öl unterschlagen. Den gut abgetropften Wildreis mit dem Geflügelfleisch und den Spargelstückchen locker vermischen. Crème fraîche mit Joghurt verrühren, zusammen mit den Erbsen unter die anderen Salatzutaten heben.
Eine Servierplatte mit gewaschenen, trocken getupften Löwenzahn- oder Rucolablättern auslegen.
Den Wildreis-Salat auf dem Blätterbett anrichten und mit dem Dressing übersprenkeln. Mit den Walnusshälften garnieren. Vor dem Servieren kühl stellen.

Wildreis-Geflügelsalat
Wild rice chicken salad

Lachs oder Lachsforelle mit Wildreisfüllung
Salmon or sea trout stuffed with wild rice

Lachs oder Lachsforelle mit Wildreisfüllung
Salmon or sea trout stuffed with wild rice

Diese Füllung ist auch für andere Fische zu empfehlen. Falls Füllmenge übrig bleibt, kann sie jederzeit gesondert als Beilage gereicht werden.

Für 2 Portionen

Vorbereitungszeit: 15 Minuten (ohne Kochzeit)
Zubereitungszeit: 30 Minuten

Zutaten

1 kleiner Lachs oder Lachsforelle (ca. 600 g), vom Fischhändler küchenfertig vorbereitet, Kopf entfernt

Für die Füllung:

2 Tassen Wildreis
8 Tassen Fischbouillon (evtl. Gräten von Edelfischen, Fischgewürz) oder Fertigprodukt
1 Stange Staudensellerie, sehr fein gehackt
1 mittelgroße Zwiebel, fein gehackt
1 EL Petersilie, gehackt
1 TL Salbeiblätter, fein gehackt
1 EL Wacholderbeeren, im Mörser zerstoßen
Salz nach Geschmack
Öl zum Fetten der Form, etwas Flüssigkeit zum Angießen

Zubereitung

Lachs oder Lachsforelle kalt abspülen und trocknen, im Kühlschrank in einer Porzellanschüssel abgedeckt beiseite stellen. Den Wildreis etwa 40 Minuten in der vorbereiteten Fischbouillon garen, abtropfen lassen. Wildreis mit allen Zutaten gut vermischen, den Fisch vom Kopfende her damit füllen. Backofen auf 180° C vorheizen. Eine ofenfeste Form einfetten, den Fisch einlegen und eventuell etwas Flüssigkeit angießen. Fisch 30 Minuten garen. In den letzten 10 Minuten die restliche Wildreismischung um den Fisch legen.
Zum Servieren den Fisch vom Rücken her aufschlitzen und die Haut abziehen, dann portionieren.

Wildreis-Pilaw
Wilde rice pilaf

Der Pilaw hat eine weite Reise hinter sich: Im Iran beheimatet, breitete sich das Reisgericht – das auch mit Fleisch oder Fisch und/oder Gemüsen zubereitet wird – über ganz Europa aus und gelangte mit den Auswanderern in die USA.

Beilage für 3-4 Portionen

Vorbereitungszeit: 15 Minuten
Zubereitungszeit: 40 Minuten

Zutaten

1 1/2 Tassen Wildreis
1 EL Butter
1 kleine Zwiebel, sehr fein gehackt
3 Tassen Hühner- und Gemüsebouillon
Salz und Pfeffer nach Geschmack
3 EL gehackte Nüsse wie Walnüsse oder Pecannüsse, leicht angeröstet

Zubereitung

Den Reis unter fließendem Wasser in einem Sieb abspülen, gut abtropfen lassen. In einem Topf die Butter zerlassen, Zwiebel darin hell anschwitzen, Reis zugeben und mit der Bouillon auffüllen. Zum Kochen bringen, Hitzezufuhr zurücknehmen und den Reis bei mittlerer Hitze etwa 40 Minuten garen. Falls nötig noch etwas Wasser zugießen. Mit Salz und Pfeffer nach Geschmack würzen, die ohne Fett angerösteten Nüsse unter den Reis heben.
Tipp: Sollte der Reis zum Ende der Garzeit noch zu feucht sein, den Topfdeckel abnehmen und die Hitzezufuhr kurz noch einmal erhöhen. Aufpassen, dass der Reis nicht ansetzt.

Gefüllte Wirsingrouladen
Stuffed Savoy cabbage rolls

Gefüllte Wirsingrouladen
Stuffed Savoy cabbage rolls

Der Wirsing(kohl) stammt wie alle Kohlarten aus Kleinasien. Doch er gehört seit Jahrhunderten auch zum amerikanischen Speisezettel – einmal mehr ein lieb gewonnener »Einwanderer«: Zu diesen Rouladen kann man natürlich auch Weißkohl nehmen – Wirsing schmeckt aber zarter und feiner.

Für 6 Portionen

Vorbereitungszeit: 30 Minuten
Zubereitungszeit: 60 Minuten

Zutaten

1 Kopf Wirsingkohl (12 schöne Blätter für die Rouladen, Rest für Eintopf oder ähnl. verwenden) sind die Blätter kleiner, mehrere überlappend pro Roulade auslegen

Für die Füllung:

2 Tassen Wildreis, in 8 Tassen Bouillon 30 Minuten gekocht
250 g Hackfleisch (Faschiertes)
1 mittelgroße Zwiebel, fein gehackt
1 Ei
1 grüne Paprikaschote, entkernt, fein gehackt
Salz, Pfeffer, edelsüßes und scharfes Paprikapulver nach Geschmack
Öl oder Butterfett zum Anbraten

Für die Sauce:

2 Tassen Bouillon (evtl. Fertigprodukt)
100-200 ml süße Sahne
evtl. etwas Sojasauce nach Geschmack

Zubereitung

Kohlkopf mit heißem Wasser überbrühen, vorsichtig die Blätter ablösen. Dicke Rippen herausschneiden. Die Blätter (nicht zuviel auf einmal) in kochendes Wasser legen und je nach Blattbeschaffenheit 2 bis 4 Minuten darin ziehen lassen. So werden die Blätter geschmeidig. Die Blätter nebeneinander auf einer Arbeitsfläche ausbreiten und trocknen.
Den inzwischen gekochten Wildreis gut abtropfen lassen, etwas abkühlen lassen. Dann mit dem Hackfleisch, Zwiebel, Ei und Paprika vermischen und mit den Gewürzen pikant anschmecken.
Je nach Blattgröße ein oder mehr Blätter überlappend auslegen und mit der Farce belegen. Kohlblätter zusammenrollen, entweder mit Küchengarn umwickeln oder mit Zahnstochern zustecken. In einem weiten Topf Fett erhitzen, die Kohlrouladen unter mehrfachem Wenden hellbraun anbraten. Mit Bouillon aufgießen und etwa 50 Minuten köcheln. Herausnehmen und warm stellen. Sahne zur Flüssigkeit in den Topf gießen, mit Sojasauce und evtl. Salz und Pfeffer abschmecken, einmal aufkochen und in einer Sauciere zu den Kohlrouladen servieren.

Wildreis-Leber-Füllung für Pastetchen
Wild rice with liver in vol-au-vent

Die Füllung für die Pastetchen kann variiert werden: Es eignen sich sowohl Reste von gegartem Fisch als auch Geflügel oder Braten, andere Pilze und Gemüse wie Staudensellerie, feine Erbsen, Möhren u. a.

Vorbereitungszeit: 15 Minuten
Zubereitungszeit: 20 Minuten (ohne Kochzeit des Wildreis')

Zutaten

8 Pastetchen, fertig gekauft – besonders gute Qualität bekommt man beim Bäcker

Für die Füllung:

1 Tasse Wildreis, 40 Minuten in 4 Tassen Bouillon gekocht
3 EL Butter
300 g Hühnerleber, entsehnt und zerkleinert
1 große Zwiebel, fein gehackt
1 Tasse Pfifferlinge, geputzt und zerkleinert
Salz und Pfeffer nach Geschmack
4 EL dicke saure Sahne oder Schmand

Zubereitung

Die fertig gekauften Pastetchen im Backofen bei 80° C vorwärmen. Den vorgekochten Wildreis abtropfen lassen, Flüssigkeit auffangen. Butter in einer tiefen Pfanne zerlassen, Hühnerlebernüsschen, Zwiebel und abgetropften Wildreis sachte anbraten. Nach ca. 8 bis 10 Minuten die Pfifferlinge zugeben und noch etwa 10 Minuten mitschmoren. Falls nötig – Vorsicht, die Pilze ziehen auch Flüssigkeit – noch etwas Kochbouillon zugießen. Abschmecken und die Sahne oder den Schmand unterziehen. Jeweils zwei Pastetchen auf Teller setzen, füllen – etwas Leberfarce auch neben die Pastetchen geben – und die Deckel aufsetzen. Heiß mit einem grünen Blattsalat servieren.

Fruchtige Beilage zu Ente oder Gans
Fruity relish for duck or goose

Geflügelfleisch harmoniert sehr gut mit Früchten, aber auch zu Wildfleisch passt diese pikante, durch die Cranberries angenehm herbe Beilage hervorragend. Gibt es keine frischen Cranberries, können Sie auf TK-Ware zurückgreifen.

Für ca. 15 Tassen

Vorbereitungszeit: 25 Minuten
Zubereitungszeit: 45-50 Minuten

Zutaten

5 Tassen reife Quitten, geschält, entkernt und in Würfel geschnitten
5 1/2 Tassen Äpfel (Goldparmänen oder Cox Orange), geschält, entkernt und in Würfel geschnitten
4 Tassen frische Cranberries
3 Tassen feiner Zucker
1 Tasse helle Sultaninen, gewaschen, verlesen

Zubereitung

Alle Zutaten in einem hohen Topf zum Kochen bringen. Hitzezufuhr zurücknehmen und das Obst 45 bis 50 Minuten köcheln lassen. Wenn es eindickt, den eventuell entstehenden Schaum abnehmen.
Das Relish noch heiß in Twist-Off-Gläser füllen und verschließen. An einem kühlen Platz aufbewahren. Geöffnete Gläser sind etwa eine Woche im Kühlschrank haltbar.

Ein ganz besonderer Saft: **Ahornsirup**

Im Jahr 1842 schrieb ein Häuptling an die weißen Behörden: »Wir haben nichts einzuwenden gegen des Weißen Mannes Bergwerk, Holzfällen und Errichten von Farmen. Aber wir erheben Anspruch – ohne von den Weißen eingeengt oder gestört zu werden – auf Birkenrinde, auf Zedern, auf Reis und Zuckerpflanzen und auf das Vorrecht unserer Jagdgründe.«

Diese Vorbehalte wiederholen sich jedes Mal, wenn Indianern Wohngebiete, also Reservate, zugewiesen werden.

Wenn im März zuerst die Frauen der Clans aufbrechen, um zu den Zuckercamps zu wandern, liegt meistens noch hoher Schnee in den Gebieten der Ahornwälder. In früheren Zeiten wanderten sie mit Gestellen auf dem Rücken, hochbeladen mit dem Wichtigsten für die nächsten Wochen, auf Rahmenschneeschuhen (hier Schwalbenschwanztyp) durch den Schnee.

Die Größe eines Zuckerwaldes wird nach der Anzahl der Zapfstellen errechnet, die jeder Familie zugewiesen wird. 900 Zapfen ist eine durchschnittliche Größe und 40 Liter Ahornsaft ergeben etwa einen Liter Ahornsirup. Die Zuckersaison beginnt Mitte März bei Kälte und Schnee und dauert etwa einen Monat. Der erste Zapffluss gilt im Allgemeinen als der beste. In dem von den Frauen gemütlich und warm eingerichteten Zuckerhütten, wo später der gewonnene Saft in Kupferkesseln zu Sirup und Zucker gekocht wird, riecht es bald angenehm nach Balsam und trockener, süßer Birkenrinde. Von den Ahornbäumen bis zum »Zuckercamp« wird der köstliche Saft in kleinen Eimern aus Birkenrinde transportiert.

Ist ein Eimer defekt, wird er mit Balsamgummi abgedichtet.* Waren die Gefäße unter den Ahornbäumen vollgelaufen, der Saft in Eimern zum Camp getragen, wurde er in die Kupferkessel gegossen, unter denen ein kräftiges Feuer prasselte. Die ganze Nacht hindurch wird der Saft bei ständiger Aufsicht gekocht, so dass am Morgen der Sirup zum Abgießen fertig war.

Mit großen hölzernen Schöpfkellen wird nun der Sirup langsam durch eine Art Sackleinwand gegossen. Das »Abzuckern« wird im Allgemeinen auf Tage verlegt, wo das Saftkochen unterbrochen wird.

Kristallisierter Zucker war jedoch nicht die einzige Form, die aus dem Ahornsaft gewonnen wurde. Fing der Familienclan an, den Sirup wieder aufzukochen, goss man etwas zum Erhärten in kegelförmige kleine Birkenrindenbehälter, die durch einen Streifen Bast aneinander befestigt wurden. So entstand zur Freude der Kinder eine große Traube – eine auch von den Erwachsenen geschätzte Delikatesse. Mit dieser Zuckermasse füllte man auch den Oberkiefer eines toten Schnabeltieres, das gab eine hübsche Form, oder es gab Schablonen für Sterne, Sonne, Mond oder Tier- und Fabelwesen. Für diese delikaten Naschereien wurde der Sirup kurz vor dem Kristallisieren aus dem Kessel genommen, auf Schnee gegossen und nicht mehr berührt, bis die Masse erstarrt war.

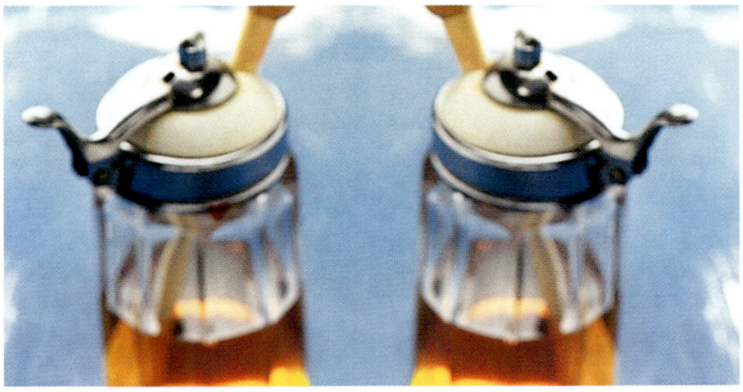

* Angenehm riechende flüssige bis harzige Sekrete der Balsamgewächse. Das ätherische Öl erhärtet durch Verdunsten an der Luft; es bildet sich eine zähe plastische Masse.

Wildreis-Pfannkuchen mit Cranberries
Wild rice pancakes with cranberries

Cranberries gehören zu den Heidekrautgewächsen; die Beeren können bis zu 1 cm Durchmesser aufweisen (siehe auch Seite 145). Man bekommt sie frisch von September bis April.

Für 4-6 Pfannkuchen

Vorbereitungszeit: 15 Minuten
Zubereitungszeit: 20 Minuten

Zutaten
1 Tasse Wildreis, gekocht, abgetropft
1 Tasse Weizenmehl
1/2 Päckchen Backpulver
4 EL Ahornsirup, 1 Prise Salz
1/2 Tasse Milch, 2 Eier, getrennt
Zum Ausbacken:
4 EL feines Speiseöl
Für die Cranberries:
300 g frische Cranberries, ersatzweise TK-Produkt, 1 Tasse Wasser
80 g Zucker oder 4 EL Ahornsirup
Saft von 1 Orange
1 EL Butter, 1 Tasse Mandelsplitter

Zubereitung
Wildreis im Mixer grob zerkleinern; mit allen anderen Zutaten – einschließlich Eigelben – vermischen. Zuletzt das cremig geschlagene Eiweiß unterziehen. In einer Pfanne die Hälfte des Öls erhitzen, Pfannkuchen ausbacken. Öl nach Bedarf zugeben. Nebenbei die Cranberries in gesüßtem Wasser 8 Minuten kochen, den Orangensaft zugießen und die Beeren noch einmal aufkochen; die Flüssigkeit anderweitig verwenden.
Butter erhitzen, Mandelsplitter darin zart anbräunen.
Die Pfannkuchen mit Cranberries und Mandelsplitter anrichten. Evtl. einen Ahornsirupspender dazu stellen!

Apfel Wildreis
Wild rice with apple

Ohne Ahornzucker oder Ahornsirup können viele der köstlichen Wildreisgerichte nicht perfekt geraten. Vorsichtig dosiert gibt er sowohl Süßspeisen als auch Fisch, Fleisch und Gemüsegerichten einen pikanten Geschmack.

Vorbereitungszeit: 10 Minuten (ohne Kochzeit)
Zubereitungszeit: 10 Minuten

Zutaten
1/2 Tasse Wildreis, in 6 Tassen Äpfelwein oder Cidre gekocht
2 mittelgroße Äpfel, geschält und in Schnitze geschnitten
2 EL Ahornzucker oder 2 EL Ahornsirup
1 EL Butter
1 EL Zimt
1 Prise Salz
100 ml Sahne, steif geschlagen

Zum Garnieren: Frische Minzeblätter

Zubereitung
Den gekochten Wildreis gut abtropfen lassen. In einer tiefen Pfanne die Butter zerlassen, Ahornzucker oder –sirup zugeben, karmellisieren lassen. Die Apfelschnitze bei schwacher Hitze darin 3-5 Minuten andünsten. Den gekochten Wildreis unterziehen und mit Zimt würzen. Mit einer Prise Salz abrunden.
Auskühlen lassen.

Vor dem Servieren die steif geschlagene Sahne unterziehen und mit einem Minzeblatt in Portionsschälchen servieren.

Wildreis-Pfannkuchen mit Cranberries
Wild rice pancakes with cranberries

Suppen und Eintöpfe

Saucen und Relishes

Kleine Gerichte und Salate

Gemüse, Kartoffeln und Reis

»Alle Autoren sind bemüht, ihre Schriften so gut wie möglich zu belegen, einige durch vertrauenswürdige Zeugen, andere mittels Autoren, die vor ihnen geschrieben haben...«

Bernardino de Sahagún, Vorrede zum Band II der »Historia General de las cosas de Nueva España«

Batate auch Süßkartoffel oder Knollenwinde (ipommea batata) ist in Mittel- und Südamerika beheimatet.
Die Pflanzen kriechen buschig auf der Erde dahin, ihre fleischigen Wurzelstöcke verdicken sich zu kartoffelähnlichen Knollen. Die Form der Knollen ist walzen- oder spindelförmig, die Farbe der Schale spielt von weiß bis purpurrot. Das Innere ist weißlich bzw. gelb oder rot, etwas mehlig und schmeckt süßlich. Zucker- und Stärkegehalt schwanken je nach Sorte und Anbaugebiet. Gewicht pro Stück: zwischen 500 g bis zu 3 kg. Nicht mit der Kartoffel verwandt.

Bohnen – Frijoles zählen besonders bei der ärmeren Bevölkerung Mittel- und Südamerikas zu den wichtigsten Eiweißlieferanten. Kombiniert mit Mais ergeben sie eine vollwertige Mahlzeit. Neben den Busch-, Stangen-, Wachs- und Prinzessbohnen gibt es eine Vielzahl von Bohnenkernen mit ovalem oder rundem Hülsendurchschnitt; die uns bekannte Sortenliste umfasst mehr als 100! In den Rezepten werden u. a. die »Kidney«-Bohne – in Peru »rinoncito« genannt (Geschmack maronenartig, Farbe rot); Schwarze oder Schminkbohne (süßlicher Geschmack), besonders für gebratene Bohnen geeignet; die Lima-oder Mondbohne(große weißlich-beige Kerne) erwähnt. Die Limabohne spaltet in wässriger Lösung Blausäure ab. Diese Bohnen müssen im offenen Topf gekocht werden und das Wasser sollte öfter erneuert werden. Eignen sich gleich gut als Gemüsebeilage und zu Salat.
Trotz der Vielseitigkeit der Rezepte gibt es nur zwei Grundarten der Zubereitung: Die gekochten und die gebackenen Bohnen. Nur der Zusatz der verschiedenen Gewürze macht den Unterschied. Die weich gekochten Bohnen werden zerquetscht oder zerrieben, früher auf dem Metate, mehrere Male aufgekocht und in einer flachen Schüssel auf ein mäßiges Feuer gestellt. Man füllt wie eh und je Tortillas, Tacos oder Tamales damit und reicht dazu feurig scharfe Saucen.

Cacahuete – Erdnuss; der Name stammt von den Azteken aus der Nahuatl-Sprache. Ihre ursprüngliche Heimat jedoch liegt weiter südlich, vermutlich in Brasilien und in den Anden. Die Erdnuss ist für viele Menschen ein unentbehrlicher Eiweißlieferant. Die Erdnusspflanze gehört zu den Hülsenfrüchten; ihre Hülse öffnet sich jedoch nicht und deshalb ist sie als »Nuss« zu bezeichnen.

Camarones sind Garnelen, die es in unterschiedlchen Größen (Fachausdruck Kalibrierung) auch bei uns zu kaufen gibt.

Camote – so werden in Peru und Mexiko die Süßkartoffeln mit maronenartigem Geschmack genannt.
Nur gekocht genießbar.

Cebiche (Peru) – **Ceviche** (Mexiko) sind in Limettensaft und Kräutern marinierte Fischstücke oder andere Meeresfrüchte und Schnecken.

Chayote – die Gemüsefrucht gehört zur Kürbisfamilie; der Geschmack erinnert an Gurke oder Zucchino. Die Farbe der Schale kann von weiß bis grün spielen; gelegentlich weisen Chayoten fleischige Stacheln auf, die man vor der Zubereitung entfernt. Chayoten sind bei uns erhältlich.

Cherimoya – Die wohlschmeckende Frucht – sie erinnert mit ihrem weichen, schmelzenden Fruchtfleisch an Bananen mit Vanillearoma – hat in ihrem weißen Fruchtfleisch eine Vielzahl nicht essbarer Samen eingebettet. Die Heimat des Flaschenbaumes (Annona cherimola) sind die hochgelegenen Andentäler (1600-2000 m hoch).

Cilantro ist in Peru und Mexiko die Bezeichnung für Koriander. Dieses aromatische Kraut, dessen Heimat in Nordafrika und Westasien liegt, gelangte über den Mittelmeerraum auf die Iberische Halbinsel, von wo es die Conquistadores auch nach Mittel- und Südamerika brachten. Inzwischen gehört Cilantro – sowohl als frisches Kraut, als auch als Trockengewürz – zur täglichen Küche.

Chorizo – Scharf gewürzte Wurst aus grob gehacktem ungegartem Schweinefleisch; luftgetrocknet oder geräuchert erhältlich. Kann durch pikante, mit Knoblauch gewürzte Mettwurst ersetzt werden.

Epazote – Mexikanisches Teekraut (Chenopodium ambrosioides), der Geschmack ist zitronenartig. Kann durch Zitronenmelisse ersetzt werden.

Fette – In der Küche der Azteken wurden tierische und pflanzliche Fette verarbeitet, die aber bei weitem nicht unseren heutigen Reinheitsgrad hatten. Bevorzugt wurde das Gürteltierfett. Zur Zeit der spanischen Eroberung ging man – bis heute – auf Schweinefette über. Dieses kann man auch durch ein gutes Speiseöl, Butter oder Margarine ersetzen.

Frijoles – siehe Bohnen.

Guave (= Guajave), Frucht des Guajavebaums (Psidium guajava). Der Baum oder Strauch, der bis 10 m hoch werden kann, wird in den Tropen und Subtropen angepflanzt. Er gehört zu den Myrtengewächsen. Seine Heimat ist das tropische Mittel- und Südamerika, also auch Mexiko. Der Baum hat eine grün-braune, schuppige Rinde, die Blätter sind bis zu 15 cm lang und an der Unterseite flaumig behaart. Die Blüten sind groß und weiß. Die Früchte sind zitronenförmig, gelb oder rötlich, mit gelblichem oder rosa Fruchtfleisch, durchsetzt von kleinen Kernen. Die Frucht ist reich an Vitamin C. Man verwendet sie gern zu Marmelade, als Kompott oder als Beigabe zu Fleisch.

Hierba santa – auch hoja santa (heiliges Blatt) genannt, findet in der heutigen mexikanischen Küche in vielen Gerichten Verwendung. Die runden Blätter eines Pfeffergewächses schmecken aromatisch – pikant – süß, ähnlich Fenchelkraut. Bei uns nicht erhältlich.

Huachinango, uns besser unter dem Namen »Red Snapper« bekannt, ist ein sehr beliebter Fisch mit festem, weißen Fleisch. Man kann ihn bei uns kaufen.

Huachinango heißt in Mexiko auch eine Chilischote (rot mit weißen Streifen) mit süßem Fruchtfleisch, mittelscharf.

Käse – Der Käse wurde von den Spaniern in die »Neue Welt« gebracht. Die genügsamen Manchego-Schafe waren die ersten Milchlieferanten. Sorten und ihr europäischer Ersatz: Cheso Chihuahua (auch Mennonitenkäse genannt) – mittelalter Gouda; queso fresco – Mozzarella oder Feta; queso anejo – Pecorino oder Parmesan; queso Manchego (erhältlich) – evtl. Emmentaler.

Kakao – Der tropische Baum ist wie die Jaca ein Stammblütler, das heißt, die Blüten und später die Früchte wachsen direkt am Stamm und an dicken Ästen. Die fünfkantigen Kakaofrüchte, die reif entweder gelb oder rot sind (je nach Sorte) haben in ihrem Inneren eine weiße schwammige Pulpe, die die rötlich-braunen Bohnen umschließt. Bis das Kakaopulver, so wie wir es kennen fertig ist, durchläuft die Bohne eine Anzahl von Produktionsschritten.

Kartoffel – Franzisco Pizzaro brachte 1526 die Kartoffel nach Spanien. Wegen ihrer äußerlichen Ähnlichkeit mit der Trüffel wurde sie in Anlehnung an die italienische Bezeichnung tartufo genannt. Aus dem Wort entwickelte sich die deutsche Bezeichnung »Kartoffel«.

Kochbanane auch Pferdebanane, spanisch »platano«, wird täglich in der Küche Mittel- und Südamerikas verwendet. Die Frucht ist nur gegart genießbar, sie hat keinen ausgeprägten Eigengeschmack; bei uns erhältlich.

Kürbis wurde in seiner Stammform bereits vor über 8000 Jahren von den Indios im tropischen Amerika kultiviert. Es gibt eine Vielzahl von Arten.

Limette – Es gibt zwei Sorten von Limetten: die Mexikanische und die Persische. Beide stammen vom Malaiischen Archipel. In der Umgangssprache werden Limetten oft »Limonen« genannt. Dabei besteht die Gefahr einer Verwechslung mit der Zitrone, die in anderen Sprachen u. a. »Limon« genannt wird.

Mais – In Mexiko wurden Maisreste gefunden, die auf ca. 7000 v. Chr. datiert werden. Mais gibt es in vielfältigen Farben und Formen (siehe dazu auch Seite 54, Seite 55 und Seite 112).

Maishüllblätter auch Lieschblätter genannt; in ihnen werden verschiedene Gerichte gegart (siehe Seite 76).

Maniok – Prähistorische Funde weisen Maniok schon vor Jahrtausenden in Peru und Mexiko nach. Die Wurzeln, verdickte Knollen, innen weiß oder gelb. Zwei Sorten: bitter (mit dem giftigen Glykosid Linamarin) und süß. Das Nahrungsmittel ist nur gegart essbar.

Masa harina – Zur Herstellung dieses speziellen Maismehls wird getrockneter »nixtamal« vermahlen. In Spezialgeschäften erhältlich (siehe Seite 54).

Nixtamal – Getrocknete Körner von weißem Mais werden mit einem Kalk (Kalziumoxid) in Wasser eingeweicht. Dann lässt sich die Haut von den Körnern lösen. Dieser vorbehandelte Mais wird nass zu masa verarbeitet; getrocknet vermahlen heißt er »masa harina«.

Nopales – So heißen die flachen »Blätter« des Feigenkaktus (s. Seite 104).

Papaya, auch Melonenbaum genannt, wurde schon in vorkolumbianischer Zeit von den Indianern kultiviert. Es gibt verschiedene Sorten. Die ei- oder birnenförmigen Früchte können unterschiedlich gefärbtes Fruchtfleisch haben, das säurefrei ist. Die schwarzen Kerne werden gerne als Fleischweichmacher verwendet.

Paprika gehört zur Capsicum-Familie; er wurde im 16. Jahrhundert aus Mittel- und Südamerika von den Spaniern nach Europa gebracht (daher auch die Bezeichnung: Spanischer Pfeffer).

Piña so nannten die Conquistadores die Ananas, weil sie in der Form einem großen Pinienzapfen ähnelt.

Platano – siehe Kochbanane

Pulque ist vergorener Agavensaft. Er schmeckt leicht säuerlich; es gilt als »mythologisches« Getränk. Kann bei uns durch Weißwein ersetzt werden.

Quinoa – Die Pflanze (heißt auch Peru-Spinat); zählt in den Anden zu den wichtigen Grundnahrungsmitteln. Die Blätter werden zu Gemüse gekocht; der hirseähnliche Samen ergibt einen Brei mit wertvollen Inhaltsstoffen. Das Mehl wird, gemischt mit Weizenmehl, zum Brotbacken genommen.

Squash wird auch Patisson genannt, soll aus einer Kreuzung von Kürbis und Gurke entstanden sein. Bereits in vorkolumbianischer Zeit wurde der Squash in Amerika angebaut.

Tamales – siehe Seite 76 und 130.

Tamarillo – Heimat der Baumtomate sind die peruanischen Anden, wo die Pflanze bis 2500 m hoch gedeiht. Das Nachtschattengewächs ist mit der Tomate und der Kartoffel botanisch verwandt. Tamarillos gibt es unterschiedlichen Farben und Größen zu kaufen.

Tomatillo – Die uns besser unter dem Namen »Kapstachelbeere« bekannte Frucht ist auch in der Andenregion beheimatet. Die »Physalis peruviana« hat viele Namen: u. a. Andenbeere, Inkapflaume und Uchuba. Die papierdünne Hülle vor dem Verzehr entfernen.

Vanille – Die Familie der Orchideen umfasst zig Tausende von Arten – die Vanille ist die einzige Nutzpflanze. Ihre ursprüngliche Heimat ist das heutige Mexiko, das bis 1846 das Monopol darauf hatte. Die Schlingpflanze mit Luftwurzeln, hat fleischige Blätter, in Trauben stehende Blüten und schotenähnliche Kapselfrüchte. Die wirtschaftlich wichtigste Art ist die kultivierte Gewürzvanille (Echte Vanille – Vanilla planifolia). Die bis zu 30 cm langen Kapselfrüche, die zu Beginn der Reife geerntet werden, liefern die Vanillestangen. Diese werden durch Trocknung und Fermentierung eingeschrumpft. Neben der Verwendung für Desserts und Kuchen ist die Vanille ein wichtiger Lieferant für Duftstoffe in der Parfumindustrie.

Literaturverzeichnis:

Gonzales und Blasques: Die Geschichte Mexikos, Panorama Editorial S.A. Mexiko D.F.
Cortès, Hernàn: Die Eroberung Mexikos von 1520-1524, Edition Erdmann i. K. Thienemanns Verlag Stuttgart 1984.
Diaz, de Castillo, Bernal: Historia verdadera de la Conquista de la Nueva España, Steingrüber Verlag 1965.
Hetmann, Frederik: Der Tanz der gefiederten Schlange, Märchen und Mythen der Navaho-, Hopi- und Pueblo-Indianer, Fischer TB 1985
Krickeberg, Walter: Religionen des alten Amerika, Kohlhammer Verlag Stuttgart 1961
Lips, Eva: Die Reisernte der Ojibwa-Indianer, Akademie Verlag Berlin 1956
Sahagún de, Bernadino: Historia general de las cosas de Nueva España, Strecker & Schröder Verlag Stuttgart 1927